Weimar im 18. Jahrhundert: eine kleine Residenzstadt, eng und arm, die Wege überschaubar, und doch lebten hier Größen der Zeit. Peter Braun begibt sich auf Spurensuche: Das Gartenhaus an der Ilm erzählt von den wilden Jahren des jungen Goethe, der Tisch im Witwensitz der Herzogin vom Weimarer Kunstleben, eine Wohnung in der Windischengasse von Jean Paul, der so umschwärmt war, daß er das Fell seines Pudels plünderte, um die Bitten nach Haarlocken von ihm zu erfüllen. Der Schreibtisch der Frau von Stein im Wasserschloß von Kochberg berichtet von ihrer ersten Begegnung mit Goethe, seine Zeichnung einer Schlafenden von seiner heimlichen Liebe zu Corona Schröter, Schillers Grab auf dem Alten Friedhof von der Suche nach Schillers Schädel. Peter Braun versteht es zu erzählen, Anekdoten mit eindrucksvollen Schilderungen zu verbinden, Weimars große Zeit wieder lebendig werden zu lassen.

Peter Braun, geboren 1960, lebt als Publizist, Autor und freier Journalist in Bamberg. Mehrere Buchveröffentlichungen, darunter ›Dichterhäuser‹ und ›Dichterleben – Dichterhäuser‹.

Peter Braun

WEIMARER GESCHICHTEN

Von Goethe bis Schiller
Eine Spurensuche

Deutscher Taschenbuch Verlag

Von Peter Braun ist im Deutschen Taschenbuch Verlag lieferbar:
›Komponisten und ihre Häuser‹ (24613)

Die Schreibweise der Zitate wurde behutsam
neuerer Rechtschreibung angepaßt.

Einige Abschnitte beruhen auf den Veröffentlichungen
des Autors ›Dichterhäuser‹ und ›Dichterleben – Dichterhäuser‹.

Originalausgabe
Juni 2009
© Deutscher Taschenbuch Verlag GmbH & Co. KG,
München
www.dtv.de
Umschlagkonzept: Balk & Brumshagen
Umschlagfoto: Agentur Focus/Magnum/Thomas Hoepker
Satz: Greiner & Reichel, Köln
Druck und Bindung: Kösel, Krugzell
Gedruckt auf säurefreiem, chlorfrei gebleichtem Papier
Printed in Germany · ISBN 978-3-423-34548-4

Inhalt

Vorwort

Goethes Haus am Frauenplan und kaum mehr als einen Steinwurf entfernt Schillers Wohnhaus. Vielbesucht und vielbestaunt und beides zu Recht, denn Goethe und Schiller sind die klingenden Namen, die Weimars Ruf erzeugen. Die Neugierigen drängen sich. Goethes Sessel gesehen, Schillers Sterbebett abgehakt – und weiter geht's. Ruhe ist anderswo: im Park an der Ilm, auf dem alten Friedhof, auf Wielands Gut in Oßmannstedt, im Wasserschloß der Frau von Stein in Kochberg. Nur wenig abseits der ausgetretenen Pfade aber finden sich Geschichten, die mitten hineinführen in Weimars große Zeit. Von Goethes Gartenhaus zum Marktplatz, um die Ecke in die Windischengasse, dann wieder nur Schritte zum Theater und hinüber zur Fürstengruft: Weimarer Wege sind kurz. Wer immer sich auf ihnen ein wenig Zeit nimmt, wer nicht bloß einen hastigen Blick vom Parkabhang hinunter zu Goethes Gartenhaus wirft, im Wittumspalais verweilt, durch die stille Brauhausgasse geht, wer sich auf eine Bank setzt, um über Jean Paul, Corona Schröter, Wieland, Herzogin Anna Amalia oder Johann Peter Eckermann zu lesen, der wird mehr aus Weimar mitnehmen als rasch verblassende Erinnerungen an einen flüchtigen Besuch. Goethe,

Schiller oder Charlotte von Stein – Weimarer Geschichten sind Weimarer Lebensgeschichten, die ihre Spuren hinterlassen haben, und die Spuren sind leicht zu finden.

Vorspiel

Weimar um die Mitte des 18. Jahrhunderts, weit mehr Dorf denn Stadt, in der kleine Handwerker und Kaufleute nebenbei Landwirtschaft betrieben oder Gemüsegärten anlegten, um zu überleben. Kühe und Ziegen, die abends durch ungepflasterte, lehmige, eng verwinkelte Gassen getrieben wurden, die von wenigen Fischtranlaternen beleuchtet waren. Kaum Abwassergräben. Selten standen Pferde auf der Weide, die Bauern ackerten oft nur mit der einzigen Kuh. Knapp sechstausend Einwohner, knapp siebenhundert Häuser, die meisten davon eher elend. Am Marktplatz ein Geschäft für Galanteriewaren und Kosmetik. Ein zweites vor der Stadtkirche: ein Tuchladen. Handwerker verkauften ihre Ware in der Wohnstube. Das Stadtschloß abgebrannt, eine tordurchbrochene Stadtmauer. »So steht's hier in dem wüsten Weimar, dem unseligen Mitteldinge zwischen Hofstadt und Dorf.« Wenig hoffnungsvoll, veraltet: Weimar war arm. Herzog Ernst August von Sachsen-Weimar-Eisenach hatte sein Land in Schulden getrieben. Ein stehendes Heer hatte er aufgestellt, das meist nur seinem Vergnügen auf dem Paradeplatz diente, Bauwerke um Bauwerke waren hochgezogen worden, die bald darauf wieder verschwanden, weil statt Stein billiges Holz verwendet worden war, das der Witterung nicht standhielt. Parkschlösser waren so entstanden, Jagdhäuser, Reithaus, Ballhaus, Tiergehege, Treibhäuser, Befestigungen. Um Geld aufzutreiben, scheute er nicht, Wohlhabende in Haft zu nehmen, die erst freigelassen wurden, nachdem sie ihm ihr Vermögen überschrieben oder Lösegeld bezahlt hatten. Einige der Opfer verklagten ihn beim Reichsgericht. Alle bekamen Recht. Sein Tod war für das ausgeblutete Land Erleichterung und schwere Erbschaft zugleich.

Sein Nachfolger trat die Bürde jung an und starb jung. Dessen Witwe übernahm 1758. Anna Amalia von Braunschweig-Wolfenbüttel, nun Herzoginwitwe von Sachsen-Weimar-Eisenach, die für ihren noch sehr lange unmündigen Erstgeborenen die Herrschaft ausübte. Kaum mehr als achtzehn Jahre alt, gefangen in der Zwickmühle von beständiger Geldnot und herrschaftsangemessener Hofhaltung. Nur ein Beispiel: die nach ihr benannte, im Grünen Schloß angelegte Bibliothek, mit ihrem über Stockwerke reichenden Rokokosaal, deren Einbau sie bald nach ihrem Antritt befahl. Blendende Schönheit, die ein Blendwerk ist. Das Licht fällt hinter den Säulen ein, um den Anschein der Weite zu geben, die Balken schwach, der Verputz nur auf Bohlen aufgetragen, die von hölzernen Stangen gehalten wurden. Wandbretter mit bemaltem Stuck täuschten Marmor vor. Zuviel brennbares Holz, kaum feuerhindernder Stein. Das wird sich rächen. Mehr Schein als Sein auch am Hof der Herzogin.

Die Hofvergnügungen, Jagden, Bälle fielen weit bescheidener aus als sonst an Fürstenhöfen üblich. Gespart wurde soviel eben ging. Weimars Glanz begann ohne Gloria. Die meisten Hofadeligen hatten keine eigenen Ländereien und waren auf die Gunst der Herrscherin angewiesen, denn ein Hofamt bedeutete ein Einkommen. Jahresgehälter wurden gezahlt, Ruhegeld im Alter, ab und an Gnadengeschenke verteilt, freies Wohnen in den fürstlichen Häusern, Brennholz für die Winter, Essen an der Hoftafel. Hofämter aber waren rar. Weimar war zu klein.

Eines zu ergattern war schwer, wer ein Auskommen bei Hof gefunden hatte, verteidigte seine Stellung mit allen Mitteln, und versuchte sie erst zu sichern, dann auszubauen, denn Einfluß bedeutete auch, Bekannten, Verwandten, den Kindern Posten zuschanzen zu können. Leben bei Hof hieß Gerangel. Futterneidische Unterwürfigkeit war Trumpf, bespitzeln, schöntun, verraten, lobhudeln, angiften gehörte zum Hofalltag wie die Zerstreuungen für die Herrscher. Aufrechte Vertraute, die mit ihr gegen die Schmeichler antraten, um das abgewirtschaftete Weimar wieder auf gesunde Beine zu stellen, waren für die Regentin Glücksfälle.

Neben der tagfressenden Verwaltung des Herzogtums fielen die geselligen Vergnügungen Anna Amalias nur mäßig aus. Ein stehendes Theater, das sie in Weimar einrichtete, hielt sich aus Geldmangel nicht lange, von Bestand dagegen war die Hofkapelle. Sie liebte Musik, in der sie sich Kennerschaft zutraute. Sie komponierte selbst. Konzerte, Kammermusiken, Singspiele, Opern waren ihr unverzichtbar. Sie nahm Zeichenunterricht, bei Lesungen und Vorträgen in Tafelrunden wurden die neuesten Bücher verrissen oder gelobt, die neueste Mode beklatscht, die neuesten Bilder abgeurteilt. Nebenbei wurde gestickt, gemalt oder gestrickt. Hölzernes Sinnbild: der Tisch des Tafelzimmers ihres Witwensitzes, des Wittumspalais, in das sie umzog, nachdem sie die Herrschaft abgetreten hatte. Diese Stadtwohnung, damals mit schmalem Barockgarten, an den sich ein Landschaftsgarten anschloß, wurde zum Hort des Gedankenaustausches. Alles wurde besprochen, vom Blumenbinden bis zu wissenschaftlichen Neuigkeiten. Kleinigkeit am Rande: der Ausziehtisch für bis zu zwölf Besucher im »Tafelrundenzimmer« ist rund. Der Tisch auf dem bekannten Bild des Georg Melchior Kraus *Abendgesellschaft bei Anna Amalia* ist eckig.

Anna Amalia lebte in bewegter Zeit. Allein im Jahr nach ihrer Amtsabgabe schaffte Österreich die Folter ab, Amerika erklärte seine Unabhängigkeit, James Cook umsegelte die Welt, Joseph Haydn komponierte in Eisenstadt, Mozart in Salzburg, Carl

Christoph Martin Wieland
um 1794, Kohlezeichnung
von Anton Graff

Philipp Emanuel Bach in Hamburg, der erste lebende Orang Utan wurde nach Holland gebracht, die Hobelmaschine erfunden. Die Luft war von Fortschritt erfüllt, und Ballons waren die Sensation schlechthin. Die Montgolfiers fuhren über Paris, kurz darauf stiegen Jacques Alexandre César Charles und Nicolas-Louis Robert vor weit über 300000 Zuschauern, der größten Menschenansammlung, die bis dahin auf der Welt zusammengekommen war, über den Tuilerien auf. Jean-Pierre Blanchard ließ sich über den Ärmelkanal treiben, André-Jacques Garnerin sprang mit einem Fallschirm in 2400 Meter Höhe aus einer Gondel, um luftkrank, aber wohlbehalten auf einer Londoner Wiese zu landen. In den Jahrzehnten der Französischen Revolution und des Aufstiegs Napoleon Bonapartes war auch Weimar süchtig nach Wissen. Goethes Sammelleidenschaft zeugt davon, seine Farbenlehre, sein Erforschen der Entwicklung der Pflanzen. Die Entdeckung des menschlichen Zwischenkieferknochens machte ihn stolzer als alles andere. Blätter, Journale, Almanache gingen von Hand zu Hand, die den Lesern das fernste Geschehen nahebrachten. Sie berichteten von öffentlichen Vorträgen, die in London oder Paris feste Einrichtungen waren, und von Gelehrten, Künstlern und einfachen Zuhörern gleichermaßen besucht wurden. Vom Galvanismus bis zur Bauchrednerei wurde alles vorgeführt und oft genug selbst versucht. Als William Pepys vor der Askesian Society in London Distickstoffmonoxid hergestellt hatte, reichte er das Gas herum, das seine Hörer einatmeten. Wochen später wurde der

Herzogin Anna Amalia
von Sachsen-Weimar-Eisenach,
Gemälde von
Johann Georg Ziesenis

Abend wiederholt, und bald schon begannen Londoner Theater
wie das Adelphi eigene Lachgasabende zu veranstalten, für die
sich die Besucher anstellten. Die Vorführung der Herstellung
von Sprengstoffen fand hingegen nur einmal statt.

Die Aufklärung hatte Licht ins Dunkel der Unwissenheit
gebracht. Immer mehr Menschen lernten lesen und schreiben,
in der Öffentlichkeit stritt man über die Herkunft von Verstei-
nerungen, in den Fürstengemächern wurde den Berichten aus
allen Weltteilen gelauscht. Feine Damen aßen bislang unbekannte Früchte, die von immer größeren Schiffen herbeigeschafft wurden. Sie träumten sich bei gemeinsamen Leseaben-
den fort zu den Inseln der Südsee, weil der ausgesetzte Matrose
Alexander Selkirk von seinem einsamen Eiland gerettet worden
war, und das Schicksal des Matrosen in *Robinson Crusoe* beschrieben wurde. Brobdingnag, das Land der Riesen, Lilliput,
das Land der Zwerge, die *Gullivers Reisen* geschildert hatte, waren nicht gefunden worden, dafür wurde Australien entdeckt,
und eines der letzten unbekannten Gebiete auf der Weltkarte,
die Antarktis, war in Sicht gekommen, in deren reichen Fisch-
gründen Walfänger den Pottwal jagten, der den ungeschützten
Bootsbesatzungen gefährlich wurde. Die Welt war voll bunter
Vielfalt und steckte voller Abenteuer. Auf den Weltmeeren bekämpften sich englische und französische Kaperschiffe, und
Piratenkapitäne machten reiche Beute, die sie auf Inseln wie
Cocos Island vergruben, die auch für Weimar nur eine Zei-
tungsausgabe entfernt waren.

Gelehrsamkeit stand hoch im Kurs, Bildung war alles, besonders beim Bürgertum. An ihre Tafelrunde im Wittumspalais setzte Anna Amalia daher neben ihre beiden Hofdamen vornehmlich Bürgerliche, denen sie guten Rat und gediegenes Wissen weit eher zutraute als dem postengierenden Kleinadel.

Die Herzogin war den Hofgepflogenheiten verhaftet, lustwandelte in den Gärten, fuhr mit der Kutsche aus, genoß reichgedeckte Tafeln, Maskenbälle, ihre geliebten Konzerte, zugleich aber spielte sie die bürgerliche Karte aus, auch bei der Erziehung ihres Sohnes und Nachfolgers Carl August von Weimar, um ihm den Aufklärungstraum vom gerechten Fürsten zumindest einzupflanzen, der gleichermaßen für das Wohlergehen seines Adels wie seiner Bürger eintritt. Die Mißwirtschaft, in die sie einst geraten war, hatte ihr zu deutlich vor Augen geführt, daß Vergnügen allein die Klippe zum Abgrund war. Ihm das Bildungsrüstzeug für sein wartendes Amt mitzugeben, hatte sie als einen der Schlüssel zu Weimars Wohlstand angesehen. Ihr entscheidender Schachzug, sie stellte dem Prinzenerzieher Graf Johann Eustach von Schlitz, genannt Görtz, einen Bürgerlichen als Gegenspieler an die Seite: Christoph Martin Wieland, dessen Bücher ihn weitbekannt gemacht hatten, vor allem auch, weil sie so gepfeffert sinnlich waren, daß er nachmals den eigenen Töchtern verbot, sie vor ihrer Heirat zu lesen. Wieland war nicht nur ein, er war der deutsche Schriftsteller. Mit ihm habe sie den Richtigen gefunden, glaubte sie. Christoph Martin Wieland: geboren 1733 bei Biberach, gestorben 1813 in Weimar, begraben in Oßmannstedt. Weimar, das ist Goethe. Weimar, das ist Schiller. Am Anfang aber war Weimar Wieland.

Gedankenreise zurück. Momentaufnahmen. Lebenseinblikke. 1733 bis 1760. Oberholzheim bei Biberach. Wieland, schwäbischer Pfarrerssohn, ein gewitzter Kopf, ein Wunderkind, das mit Latein, Griechisch und Gottesfürchtigkeit getränkt wurde, und er saugte alles willig auf. Erste Verse entstanden, die schlecht waren. Wieland hat seine Jugendschriften später vernichtet. Er wurde nach Kloster Berge bei Magdeburg geschickt. Bibel, Bibel, noch mal Bibel, tagaus, tagein. Ein Gutteil seiner ersten Schriften trieft vor Frömmigkeit. Wer anders dachte, den bekämpfte er. Die gottlosen Werke der Aufklärung verschlang er trotzdem, obschon mit schlechtem Gewissen. Erst Jahre später wandelte sich Wieland vom Frömmler zum Mann von Welt, Dichtung und Aufklärung, der von da an stets für die Bürgerfreiheit eintrat, doch als seine erste Liebe zerbrach, sah er das noch als Strafe des Herrn für seine Freigeisterei an.

Die erste Liebe: Sophie Gutermann. Geistreich war sie und gerade frisch entlobt. Wieland kam ihr recht. Einen Sommer lang dauerte beider Glück. Danach bastelte ihr Wieland schwärmerische Briefe, Verse, Gedichte. Er ging nach Tübingen, schrieb sich für Rechtswissenschaft ein, um möglichst bald seine Sophie heiraten zu können, doch weil er die Rechte verabscheute, sich vor der Medizin ekelte, für das Predigen eine zu schwache Brust hatte, schleppte sich sein Fortkommen hin. Sie löste die Verlobung, fand eine bessere Partie. Aus Sophie Gutermann wurde Madame von La Roche. Ihr Gatte führte sie bei Hof ein und ließ ihr ungewöhnliche Freiheiten. Auch die zu schreiben. Ihre *Geschichte des Fräuleins von Sternheim*, für die Wieland das Vorwort verfaßte, machte sie berühmt. Ihre Tochter Maximiliane von La Roche heiratete später Peter Anton Brentano, der ihr lieber war als der junge Goethe, der sich in sie verliebt hatte. Sophie von La Roche wurde die Großmutter Sophie Brentanos, die Wieland auf Gut Oßmannstedt besuchte, um dort unerwartet zu sterben.

Wieland blieb Sophie von La Roche sein Leben lang zugetan. Die Trennung aber war für ihn ein Schock, und dennoch verdankte er ihr viel. Sie hatte ihn endgültig zum Schreiben gebracht. Er ging in die Schweiz. Keine Sophie, keine Ausbildung, kein Geld, die Aussichten ungewiß. Er brauchte dringend einen Förderer. Wieland hatte sich entschlossen, ganz Schriftsteller zu werden. Auf dem Feld der Bücher aber bekämpften sich zwei Lager unerbittlich. Um die deutsche Sprache von allem

Das Tafelrundenzimmer
im Wittumspalais

barocken Schwulst zu befreien, eine eigenständige Dichtung
auszubilden, stand Johann Christoph Gottsched für feste Regeln und Nachahmung französischer Vorbilder. Johann Jakob
Bodmer dagegen trat für das Wunderbare in der Dichtung ein,
für die schöpferische Freiheit. Sein Vorbild war England. Für
ihn hatte sich Wieland entschieden. Geschrieben hatte er schon
lange, und weil ein erstes Gedicht gedruckt und gelobt worden
war, hatte er eilfertig ein weitschweifiges Heldengedicht zu-
sammengebaut, das er Bodmer schickte. Auch der lobte ihn,
und so schrieb Wieland sprudelnd weiter und drängte Bodmer,
ihn zu sich zu bitten. Die Einladung kam.

Bodmer und er schrieben im selben Zimmer, saßen an einem Tisch, aßen aus einer Schüssel. Der Preis dafür war be-
dingungslose Gefolgschaft, und der unbekannte, mittellose,
ehrgeizige Wieland gehorchte eingeschüchtert. »Ich werde bemüht sein, die Gegenwart meines Körpers so wenig als möglich
ist, merklich zu machen.« Der Spott ließ nicht auf sich warten.
Ein Besucher: »Wieland sitzt bei Bodmern bei einem Schreibe
Pult, sitzt da mit stolzer Zufriedenheit und überdenkt seine
Hoheit und Tugend, sitzt da und wartet auf Anbeter und Bewunderer, sie mit gnädig segnendem Blick anzulächeln, aber
es kommt kein Anbeter.« Ein junger Löffel sei er, dünn wie ein
Rebstecken, pockennarbig, sitze beständig im Haus, trinke keinen Wein, gehe brav um acht mit einem Milchsüppchen zu Bett,
sei ein Erzschmeichler, wisse alles besser. Wieland verdiente
sich sein Brot. Er huldigte Bodmer, schrieb an dessen Büchern

Abendgesellschaft bei der Herzogin Anna Amalia, Aquarell von Georg Melchior Kraus

mit und eiferte gegen die Parteigänger Gottscheds, die er bösartig als Witzlinge und Ungeziefer anschwärzte. Doch auf die Länge war Wieland zu klug, um nicht zu sehen, daß Bodmers Schriften nicht erstrangig waren. Mühsam, aber bestimmt löste er sich von ihm.

Er atmete freier und wurde Hauslehrer, um sich durchzubringen. Er entdeckte die Damen für sich, die er als Leserinnen schätzte. Schöngeistige Bücher wurden fast nur von Damen gekauft. Er besuchte ihre gelehrsamen Kränzchen. Alle über vierzig, schrieb er geringschätzig, keine je eine Schönheit gewesen, alle überaus tugendhaft. Wieland brachte sich selbst Englisch bei, und sein eigenes Schreiben ging voran. Ein Erbauungsbuch entstand, gestopft voll mit guten Ratschlägen und Tugendmahnungen für Mütter und zarte Seelen, doch weitreichendere Wirkung zeigte seine *Lady Johanna Gray*, das erste deutsche Trauerspiel in Blankversen, denn das Versmaß Shakespeares wurde durch Wieland Jahre darauf das Versmaß der Weimarer Klassik. Sein Ruf begann sich zu verbreiten. Er schwamm sich frei, doch ein durchschlagender Erfolg blieb ihm verwehrt. Sein Versuch, als freier Schriftsteller zu leben, scheiterte. Als Biberach ihm ein sicheres Einkommen als Kanzleivorsteher in der Heimat anbot, kehrte er zurück. Die Schweiz war vorbei, das Biberacher Unglück wartete.

1761 bis 1772. Evangelisch gegen katholisch. Biberach war gespalten. Alle wichtigen Ämter wurden doppelt besetzt, und so auch das des Christoph Martin Wieland. Seinem Gegenspieler aber wurde weniger bezahlt als ihm. Streit brach aus, der vor Gericht ausgefochten wurde. Bis zur Entscheidung wurde Wielands Gehalt ausgesetzt. Für Wieland hieß das, vier Jahre kein Geld. Er lebte auf Pump, war dennoch fleißig und verzweifelte zugleich niedergeschlagen ob der Armut Biberachs. Die Stadt verfiel, die Verwaltung war zerrüttet, von gut dreitausend Einwohnern waren neun Zehntel besitzlos. Die wenigsten Bürger zahlten Steuern. Biberach nannte Wieland ein Totenaas eines an der Sonne modernden, stinkenden Reichsstädtchens. Um nicht vollends nur von Akten begraben zu werden, brauchte Wieland ein Gegenmittel: Er begann, Shakespeares Stücke zu übersetzen, wurde Leiter der Liebhaberbühne, brachte *The Tempest* als *Der erstaunliche Schiffbruch* im Theatersaal der städtischen Schlachtmetzgerei auf die Bühne. Zweiundzwanzig weitere Shakespearestücke wird er übersetzen.

Doch weiteres Unglück kam auf ihn zu. Christine Hogel, die einzige leidenschaftliche Liebe seines Lebens. Jung, von ihm schwanger, aber katholisch, und dazu nicht standesgemäß. Ihre Heirat wurde hintertrieben. Der evangelische Amtsvorsteher durfte nicht katholisch heiraten, Christine Hogels Eltern verboten im Gegenzug eine evangelische Trauung. Wieland kämpfte, doch er verlor. Keine Heirat. Beider Kind starb kurz nach der Geburt. Um das Aufsehen zu mildern, suchten Wielands Eltern eine andere Braut für ihn aus und er fügte sich. Am 21. Oktober 1765 heiratete Christoph Martin Wieland Anna Dorothea von Hillenbrand. Eine liebenswerte Gattin, die in den langen Jahren ihrer Ehe fest zu ihm stand und ihm ein beständiges, ruhiges Glück schenkte. Nicht einmal die Halsbinde, so Wieland, könne er sich ohne sie umlegen.

Die Schweiz, die Biberacher Erschütterungen, die Liebschaft mit Christine Hogel und ein Verhältnis mit der Frau des Bürgermeisters, hatten Wieland endgültig auf seinen Weg gebracht, und mit seinen Büchern erschrieb er sich einen Namen. Schritt für Schritt wurde er zum meistgelesenen deutschen Dichter. Wieland war stolz, von sich eingenommen, lobte sich selbst über den grünen Klee. »Kurz ein Mensch, der sich bei jeder Haustür zusammenbückt, weil er sich für alle zu groß erscheint.« Einfach war Wieland nicht, doch er hatte immer so viel Witz, sich nicht gar zu ernst zu nehmen. Aus ihm war der Wegbereiter der Klassik geworden. Seine Übersetzungen Shakespeares brachen den Dichtern des Sturm und Drang die Bahn, die es ihm nicht dankten, und die *Geschichte des Agathon* wurde der erste deutsche Erziehungsroman, nach dessen Vorbild die Weimarer Klassik das Ideal der aus Kunst und Bildung erwachsenden Menschlichkeit in der Vergangenheit des antiken Griechenland suchte. Wielands Schreiben strotzte vor Geist und galanten Anspielungen, bei allem Ruhm aber, den er sich damit erwarb, blieb doch die Amtsknechtschaft bestehen. Wieland suchte daher neben dem Schreiben eine weitere Zuflucht, die ihm im nahen Schloß Warthausen gewährt wurde, in dem er das adelige Salonleben genoß, doch je häufiger er an den feinen Vergnügungen teilnahm, desto sinnloser kamen sie ihm vor. Wieland war durch und durch bürgerlich. Das wird so bleiben, auch zum Leidwesen der Weimarer Herzogin, die seine Bücher schätzte.

Kurz vor Weimar: Zwischenstation Erfurt. 550 Reichstaler im Jahr, auf die nochmals 100 Taler draufgelegt wurden, dazu zwei Malter Korn und Gerste, vier Klafter Holz. Wieland hatte einen Ruf an die Universität von Erfurt erhalten und zugesagt. Er räumte das Biberacher Feld und kam mit Frau, erstem Kind und schwäbischer Köchin in Erfurt an. Wieder Schwierigkeiten. Wieland, der Professor für Philosophie, hatte keinen Universitätsabschluß. Neid, die Empörung über sein freizügiges Schreiben und sein bedingungsloses Eintreten für die Gedanken der Aufklärung machten ihm das Leben schwer. Er war nach Erfurt berufen worden, um der erstarrten, glanzlosen Lehranstalt Schwung zu geben. Er sprach über Philosophie, griechische, lateinische, französische, englische, italienische Literatur, Kunsttheorie, Geschichte, und sein Hörsaal war ob der saftigen Vorlesungen überfüllt, denn nicht nur Wielands Bücher

waren gut gewürzt, um seinen Forderungen nach Schönheit, Menschlichkeit, Bildung ein verlockendes Kleid zu geben. In *Der Neue Amadis* spielen fünf Ritter mit fünf Prinzessinnen Bäumchenwechseldich, in *Sokrates Mainómenos oder Die Dialogen des Diogenes von Sinope* poltert er mit der Geschichte vom Mann im Mond gegen Gelehrte, die nichts wissen, aber bei allem mitreden, er nahm die Gedankenlosigkeit aufs Korn und trieb den Leserinnen eine angenehme Röte ins Gesicht, weil er eine freie Inselrepublik entwarf, gegründet von hunderttausend jungen Mädchen und hunderttausend jungen Burschen. Sein Vorschlag bei späterem Frauenüberschuß: ein Mann, zwei Frauen. Das Buch fand reißenden Absatz.

Die Tugendwächter aber waren empört, auch die Erfurter, und ihm dämmerte, daß er hier nicht weiterkam. »Niemals, niemals«, schrieb er, »haben die Grazien dieses freudleere Chaos von alten Steinhaufen, winkligen Gassen, verfallenen Kirchen, großen Gemüsgärten und kleinen Leimhäusern, welches die Hauptstadt des edlen Thüringen vorstellt, angeblickt.« Nichts wie weg, und die Gelegenheit kam mit Herzogin Anna Amalia, nachdem sie Wielands *Der goldne Spiegel* gelesen hatte, eine vergnüglich verpackte Lehranweisung für Fürsten. »König wirst du sein, wenn du richtig handelst.« Die Herzogin machte ihm das Angebot, als Erzieher des eigenwilligen Erbprinzen ins nahe Weimar zu kommen. Wieland verhandelte zäh. Bei 1000 Talern im Jahr, Zahlung der Umzugskosten, Ernennung zum Hofrat auf Lebenszeit, Zusicherung einer lebenslangen

*Das Wittumspalais
am Theaterplatz um 1840
© akg*

jährlichen Pension von 600 Talern nach Vertragsende in drei
Jahren ohne Bindung an den Hof, schlug Wieland ein. 31. Au-
gust 1772: Wieland, Sack und Pack, Frau und mittlerweile drei
Kinder auf dem Weg nach Weimar ins Söllnersche Haus in der
Luthergasse.

Wieland war glücklich, die Herzogin war froh, und doch kam
alles anders. Die Herzogin: »Er hört zu sehr auf die Schmeichler
und überläßt sich ihnen; daher stammt die große Freundschaft
zwischen ihm und dem Grafen Görtz, der ihm in der unerhör-
testen Weise schmeichelt: Wieland von seiner Seite schmeichelt wieder dem Grafen, und beide vereinigt schmeicheln
meinem Sohne.« So war das nicht gedacht. Sie hatte gehofft,
Wieland werde helfen, die zwischen ihr und dem jungen Prin-
zen entstandene Entfremdung zu überbrücken, Carl August zu
festigen, ihn zu lehren, die Hofschmeichler zu durchschauen.
Nichts da. Wieland schlug sich auf die Seite des künftigen
Herzogs. Wie vereinbart, lebte er am Hof, und wie zu erwarten
war, stieß ihn das Hofleben wie schon in Warthausen ab. Er
nahm sich das Recht heraus, den Eid auf das Herzogtum zu
verweigern. Wieland lehnte sein Leben lang ab, geadelt zu werden. Seine Herzogserziehung aber nahm er ernst, und obwohl
Wieland ihm schmeichelte und Schmeicheleien förderte, trug
sie dennoch Früchte. Viele Jahre später wird der Herzog als
einer von wenigen Fürsten die landständische Verfassung rasch
einführen, mit der eine Beteiligung der Bürgerlichen an der
Herrschaftsmacht verbunden war. Wieland über den Herzog:

23

»Wenn der Himmel ihn und ein paar gute Freunde, die er hat, leben läßt, so sollen sie in sechs Jahren a dato einen kleinen Hof sehen, der verdienen soll, daß man von den Enden der Welt komme, ihn zu sehen.« Ein weitsichtiger Satz.

Viel zu tun hatte Wieland nicht am Weimarer Hof. Die wenigen Lehrstunden die Woche waren rasch abgedient. Er hatte Zeit, die er nutzte. Um die Gedanken der Aufklärung voranzubringen, gründete er den *Teutschen Merkur*. Ein gewagtes, geldverschlingendes Unternehmen, das trotzdem Erfolg hatte. Allein schon Wielands Name zog. Der *Teutsche Merkur* wurde die Monatsschrift schlechthin. Wieland stand für sie mit allen führenden Köpfen im Briefwechsel, die besten Schriftsteller schrieben darin im Geist der Zeit über schier alles. Bücher wurden besprochen oder vorab gedruckt, Briefe und Gedichte veröffentlicht. Christoph Martin Wieland war auf dem Gipfel, doch die jungen Wilden des Sturm und Drang wetzten schon die Messer, allen voran Goethe mit seiner Posse *Götter, Helden und Wieland*. Wieland zeigte Größe: Er lobte die Geschichte und empfahl seinen Lesern Goethes *Götz von Berlichingen*. Als Goethe von 1775 an in Weimar lebte, waren sie herzlich miteinander verbunden. Erst Goethes Schreibfreundschaft mit Schiller drängte Wieland ins Abseits. Beider Gehässigkeiten gegen ihn enttäuschten Wieland zutiefst. Gegner hatte er auch sonst genug. Die Dichter des Göttinger Hains, für die Wieland bloß ein »Wollustsänger« war, zerrissen seinen *Idris*, um sich mit den Seiten die Pfeifen anzuzünden, die Brüder Schlegel, für deren Schriften sich Wieland einsetzte, warfen ihm vor, er schreibe doch nur ab. Der Neid auf ihn trieb Blüten, besonders nachdem die Gesamtausgabe seiner Werke begonnen worden war, die zeitgleich in vier verschiedenen Aufmachungen herauskam.

Christoph Martin Wieland nahm das hin. Er reichte den Lorbeer ohne Haß, doch nicht kampflos weiter, denn er litt unter dem Vorwurf, der Vergangenheit anzugehören, und mit *Die Abderiten* griff er die Deutschtümelei der Stürmer und

Dränger offen an und geißelte ihre rüpelhaften Kraftmeiereien als barbarisch. Nachdem Anna Amalia zugunsten des jungen Herzogs zurückgetreten war, erlosch sein Erzieheramt und mit ihm schwand Wielands Bedeutung am Hof. Er kümmerte sich nur noch um sein Schreiben. Fast Jahr auf Jahr kam ein weiteres Buch heraus. Die *Geheime Geschichte des Philosophen Peregrinus Proteus* entstand, und nachdem Wieland mit *Alceste* das erste deutsche Singspiel geschaffen hatte, kam Mozart zur Probe seines zweiten, *Rosamund.* Was beide noch nicht ahnten: Das Märchen *Lulu oder die Zauberflöte* aus Wielands *Dschinnistan oder auserlesene Feen- und Geistermärchen* nutzte Emanuel Schikaneder später als Vorlage für Mozarts *Zauberflöte.* Doch bei allem Ruhm, allem Erfolg, aller Anerkennung – Wielands große Tage waren vorbei, und um dem Hoftrubel zu entkommen, kaufte er sich ein Landgut. »Ich muß aufs Land! Hier in Weimar wird mein Geist durch den Hof, mein Körper durch das fatale Klima gemordet.«

Ländlich abgeschieden, ein aufgegebenes Gut vor den Toren Weimars. Oßmannstedt. Dem Gutshaus beiseite ein Becken, barock, Wasserspeier, Statuen. Die Gartenwege führen hinunter zu schattenspendenden Bäumen. Unter ihnen, zaunumfriedet, nur wenig besucht, ein Gedenkstein. Die Ilm fließt träge vorbei. Ein Stein, drei Gräber. »Liebe und Freundschaft umschlang die verwandten Seelen im Leben, und ihr Sterbliches deckt dieser gemeinsame Stein.« Sophie Brentano, Christoph Martin und Anna Dorothea Wieland.

Noch einmal Momentaufnahmen. Kurze Einblicke in ein langes Leben. Christoph Martin Wieland: erster Übersetzer Shakespeares ins Deutsche, erstes deutsches Trauerspiel in Blankversen, erster deutscher Entwicklungsroman, erstes deutschsprachiges Opernlibretto, Herausgeber der ersten erfolgreichen Literaturzeitung in Deutschland, erster deutscher Dichter, zu dessen Lebzeiten die Gesamtausgabe seiner Werke mit 36 Bänden und sechs Ergänzungsbänden erstellt wurde, Freund Goethes, Kleists, Kants, Jean Pauls – Grabschaufel oder

*Wielands Grab
in Oßmannstedt*

Hacke lagen ihm weniger. Er war gekommen, um zu schreiben, Frau und Kinder arbeiteten in der Landwirtschaft. Sechsunddreißig Jahre war er schon mit Anna Dorothea verheiratet, als er mit ihr, zwei Söhnen, vier Töchtern, vier Enkeln in den Oßmannstedter Wirtschaftshof einzog. »Ich habe dermalen, mich selbst eingeschlossen, 17 Personen (zwölf zur Familie gehörig), drei Mägde und zwei Knechte, 14 Stück Rindvieh, alt und jung, etlich und achtzig Stück Schafvieh, vier Pferde und fünf Schweine zu ernähren. Das sind viele menschliche und tierische Mäuler.« Sie zu füttern war nicht eben leicht. Die Terrassen des einst barocken Lustgartens waren zu Gemüsebeeten geworden, die halfen, die Mäuler zu stopfen. Das Heckentheater war verfallen, die Karussells, die Wasserspiele, die Orangenbäume, die ehdem zum Gut gehört hatten, waren an den herzoglichen Hof geschafft worden, nur das Brunnenhaus mit Becken und Wasserspeier am Wirtschaftshof war noch geblieben. Der weitläufige Park war verwildert. 300 Obstbäume pflanzte Wieland und schuf nach und nach einen englischen Landschaftspark, er las regalweise Bücher über Landwirtschaft, erkundigte sich über das Setzen von Reben. Umbauen, ausbauen, die Landwirtschaft nach oben bringen, die Kosten dafür fraßen die Gewinne auf. Der Kaufpreis zu hoch, zu viele Schulden, zu viele Rückschläge, zu wenig Ertrag und – zu viele Maulwurfshügel, die er mit seinem Gartenstock zerschlug, bis ihm der Schweiß herabrann. Oßmannstedt freute ihn dennoch, wenigstens anfangs. »1. Weil ich hier in Oßmannstedt von aller Abhänglichkeit frei u. ganz mein eigner Herr bin, 2. weil das Leben auf dem Land mein wahres Element ist, worin ich mich in jeder Jahrszeit wohl befinde, 3. weil ich sehr viel, aber größtenteils mit lauter selbst gewählten Arbeiten beschäftiget gewesen bin; überdies an keine Zeit, keine Stunde gebunden, was ein sehr wichtiger Punkt ist.«

»Hier in Meinem Hause zu Oßmannstedt befinde ich mich ununterbrochen wohl und munter, arbeite an meinem Schreibtische mit Sukzeß, habe, ungeachtet ich wenig vor die Tür komme, guten Appetit, und schlafe weit besser als ehmals. Alles dies entscheidet, wenigstens was *mich* betrifft, den Vorzug des Landlebens vor dem Stadtleben.« Eigenes Brot, Gemüse, Kartoffeln, eigene Butter, eigener Käse schmecken noch mal so gut, auch wenn der Genuß, so Wieland, von der Täuschung begleitet sei, er würde nichts kosten. Um das Gut anzuzahlen, hatte Wieland seinen Verleger um 9000 Taler gebeten. 3000 Taler bekam er. Wieland verkaufte ihm sämtliche Rechte an all seinen noch kommenden Werken, und Wieland war fleißig. Er übersetzte Aristophanes, Xenophon, Euripides, vollendete in Oßmannstedt den Roman *Agathodämon* und schrieb an seinem unvollendeten Alterswerk *Aristipp und einige seiner Zeitgenossen.* Außerdem gab er noch eine Zeitschrift heraus, *Attisches Museum.* »Ich habe diesem Oßmannstedt doch auch viele selige Stunden zu verdanken.«

Obwohl ihm seine Bauern die Birken für Birkenreiser zuschanden schnitten und das junge Buschholz aus dem Wald stahlen, war er glücklich. Die Landschaft des Gutes, vor allem der Park, fanden Eingang in sein Werk, und immer wieder schrieb Wieland vom Glück, unter vernünftigen Menschen in den Gärten eines Landhauses zu weilen. Selbst die Dorflinde und das Glas, das ihm die Bauern beim Tanz gereicht hatten, finden sich in seinen Schriften. Am liebsten hätte er, der Aufklärer, Oßmannstedt zu einer freien Republik von guten und glücklichen Menschen gemacht, wie er schrieb. Wer zu ihm reiste, wurde aufgenommen. Wieland war überaus gastfreundlich, und so kamen die Besucher in Scharen. Goethe, Clemens Brentano, Johann Gottfried Seume, Herder oder Jean Paul, der schnellstens wieder verschwand. Wieland gedachte, eine seiner Töchter mit ihm zu verkuppeln. Allein das ginge nicht, schob Jean Paul vor, weil zwei Dichter nicht unter ein Hausdach passen würden. Andere blieben länger als er. Wieland war ein großzügiger Gastgeber. Als einziger in Weimar unterstützte er den jungen Heinrich von Kleist, der in Oßmannstedt an seinem *Robert Guiskard* schrieb. Schon um Jakob Michael Reinhold Lenz, den Goethe aus Weimar hinausekelte, hatte er sich freundlich gekümmert. Als Matthias Claudius in Geldnot kam, bot er ihm sofort die Mitarbeit am *Merkur* an und so viel an Freundschaft, wie er brauche, und auch Sophie Brentano, die sich nach unglücklicher Liebe zu ihm flüchtete, schloß er in seine Arme. Ein bißchen zu sehr. Schon bald wurden zartere Bande daraus. Wieland hätte glücklich sein können, der Traum vom Landleben aber war ein Hirngespinst. Das Gut war nicht zu halten. Die Schulden drängten immer mehr. Als Wielands Frau und Sophie Brentano in Oßmannstedt gestorben und im Gutspark an der Ilm begraben waren, hatte Wieland genug. »Ich hätte dies Gut wohl eigentlich nie kaufen sollen.« Er schlug es ohne Verlust für 30000 Taler los, dazu kamen 1899 Taler für Einrichtung und Möbel. Von 1803 an lebte Christoph Martin Wieland wieder in Weimar. Die Oßmannstedter Jahre waren vorbei.

Wieland war siebzig Jahre alt, der Hof nahm ihn freundlich auf, auch wenn er mit altvorderem Samtkäppchen und Tuchstiefeln erschien. Seine Tochter Luise sorgte für ihn, doch er war der Prophet im eigenen Land. Wieland wurde überall geehrt, nur nicht in Weimar. Ehrenbürger der Schweiz war er geworden, der russische Zar schätzte ihn, nach der Schlacht von Jena und Auerstedt bewachten französische Offiziere im besetzten Weimar sein Haus, um ihn vor plündernden Soldaten zu schützen, und auf dem Erfurter Fürstentag wurde ihm der Orden der französischen Ehrenlegion und der russische Annen-Orden verliehen. Er traf Madame de Staël, Napoleon ließ eigens nach ihm schicken. Geschrieben hat Wieland bis zuletzt. Er übersetzte weiter, saß mit weißem Schlafmützchen am *Hexameron von Rosenhain*, an *Krates und Hipparchia*, *Menander und Glycerion*. Wielands Altersjahre waren so halbwegs versöhnlich wie es sein Ende war. Er starb mit fast achtzig Jahren. Drei Wochen lag er mit Fieber und Krämpfen. Noch an seinem Todestag machte ihm der Arzt Hoffnung. Wieland: »Sein oder Nichtsein, das ist mir jetzt so ziemlich egal.« Begraben wurde er ganz nach seinem Wunsch in Oßmannstedt bei seiner Frau und Sophie Brentano. Christoph Martin Wieland war am 20. Januar 1813 in Weimar gestorben, wo er schon lange nicht mehr den Ton angegeben hatte, weil ein anderer seit Jahrzehnten die Szene beherrschte. Bühne frei für Johann Wolfgang Goethe.

Goethes Garten

Goethe, geboren 1749, gestorben 1832. Ort der Handlung: Weimar, ein altes Weinberghaus. Zeit: 1776. »Hab ein liebes Gärtgen vorm Tore an der Ilm schönen Wiesen in einem Tale. Ist ein altes Häusgen drinne, das ich mir reparieren lasse.« Haus und Garten zu gut 500 Gulden bezahlte der Herzog aus seiner Schatulle an Goethes Statt, der mit Grund und Boden das Weimarer Bürgerrecht erwarb. »Garten auf dem Horne samt dem darinnen befindlichen Gartenhause, nebst allem, was darinnen erd-, wand-, band-, niet- und nagelfest ist.« Der verwilderte Garten war »raupig«, das Gartenhaus baufällig heruntergekommen, undichtes Dach, schlecht zu heizen. »Übermütig sieht's nicht aus.«

19. Mai 1776, sonntags in der Früh: »Zum ersten Mal im Garten geschlafen.« Die Ilm ist nah. In der Sommerwärme baden, bei Eis lockte das Schlittschuhlaufen, für das Goethe den Hof begeisterte. »Und zwar en masque. Die Herzoginnen, gnädige Frauen und Fräuleins lassen sich im Schlitten schieben. Der Teich, welcher nicht klein ist, wird rundum mit Fackeln, Lampen und Pechpfannen erleuchtet.« Sechs Jahre wohnte er an der Ilm, ehe er nach Weimar hinein an den Frauenplan zog.

Auch danach lieferte der Garten nicht nur selbstgezogenes Obst, Gemüse oder Blumen, sondern dazu noch Heu für die Kutschpferde. Goethes Garten: ein Vergnügen. Goethes Garten: eine Zuflucht. »Um sich von Aktenstaub und Hofdunst rein zu baden.« Und das war nötig.

Johann Gottfried Herder: »Er ist also jetzt wirklicher Geheimer Rat, Kammerpräsident, Präsident des Kriegscollegii, Aufseher des Bauwesens bis zum Wegbau hinunter, dabei auch Directeur des Plaisirs, Hofpoet, Verfasser von schönen Festivitäten, Hofopern, Balletts, Redoutenaufzügen, Inskriptionen, Kunstwerken etc., Direktor der Zeichenakademie, in der er den Winter über Vorlesungen über Osteologie gehalten, selbst überall der erste Akteur, Tänzer, kurz das fac totum des Weimarschen und, so Gott will, bald der major domus sämtlicher Ernestinischen Häuser, bei denen er zur Anbetung umherzieht. Er ist baronisiert, und an seinem Geburtstage (wird sein der 28. August a.c.) wird die Standeserhebung erklärt werden. Er ist aus seinem Garten in die Stadt gezogen und macht ein adlig Haus, hält Lesegesellschaften, die sich bald in Assambleen verwandeln werden.« Die Jahre im Gartenhaus waren die Jahre seines Aufstiegs in Weimar, und der rief Spott hervor. Aus Goethe wurde von Goethe, denn bis zu seinem Auszug aus dem Gartenhaus hatte er Sprosse für Sprosse bei Hof genommen, seit er am 7. November 1775 in Weimar angekommen war.

Im Gepäck die Jugendjahre. Goethe war sechsundzwanzig und überaus bekannt. Er hatte *Götz von Berlichingen* geschrieben, und im Jahr darauf erschienen *Die Leiden des jungen Werthers*. Werther, der sich aus unerfüllter Liebe erschießt, wurde im ganzen Land nachgeahmt. Fiebrig war eine Welle von Selbstmorden hochgeschlagen. Einen der Freitode erlebte Goethe in Weimar hautnah. Christel von Laßberg ertränkte sich in der Ilm, den *Werther* in der Tasche. »In stiller Trauer einige Tage beschäftigt um die Szene des Tods, nachher wieder gezwungen zu theatralischem Leichtsinn.« Werthers blauer Rock und gelbe Weste wurden landauf, landab getragen, auch von Herzog Carl August. Wertheraufzug war in Weimar Pflicht. »Wer sich keinen schaffen kann, dem ließ der Herzog einen machen.« Nur Wieland wurde davon ausgenommen: »Weil er zu alt zu diesen Mummereien wäre.« Sturm und Drang. Wie im *Götz* wurde ständig gottserbärmlich geflucht. Das Drama um den Rebellen Götz von Berlichingen mit der eisernen Hand hatte einen Begeisterungssturm ausgelöst, der Gebildete aller Stände fortriß. Die gezierte höfische Sprache nahm er gleich mit. »Er kann mich im Arsch lecken.« Im, nicht am. Geniezeit, Goethezeit. Gefragt war der Kraftkerl, gefragt war einer wie Goethe. »Geboren zu Frankfurt am Main, Doktor der Rechte, ein Mann von sonderbaren Talenten.« Eines von ihnen: den Herzog zu unterhalten, der ihn nach Weimar eingeladen hatte, und Goethe war gern gekommen. Frankfurt hatte ihn eingeschnürt, eine unglückliche Liebe ihm die Luft genommen. »Ich muß fort! – ich wär ein Tor, mich fesseln zu lassen! Dieser Zustand erstickt alle meine Kräfte, dieser Zustand raubt mir allen Mut der Seele; er engt mich ein! – Was liegt nicht alles in mir? Was könnte sich nicht alles entwickeln? – ich muß fort – in die freie Welt!«

Schlaglichter auf ein sonst Büchereien füllendes Leben. Frankfurt 1749 bis Weimar 1775: Im Haus am Großen Hirschgraben wohlhabend geboren, zu Hause erzogen. Italienisch, Französisch, Rechnen, Reiten, Fechten, Musik. Nachdem Goethe den siebenjährigen Mozart erlebt hatte, war ein Flügel angeschafft worden, auf dem Goethe leidlich gut spielte. Dann, 1765, wurde er mit stattlichen Wechseln ausgestattet nach Leipzig geschickt, um die Rechte zu studieren. Den Hörsaal betrat er selten, eher schon Auerbachs Keller. Er widmete sich lieber den schönen Künsten, schmachtete Anna Katharina, genannt Käthchen, Schönkopf an und dichtete vor sich hin. »Mein Leipzig lob ich mir!« Goethe galt als weichlicher Geck. Ein Jugendfreund: »Er ist bei seinem Stolze auch ein Stutzer, und alle seine Kleider, so schön sie auch sind, sind von so einem närrischen Gout.«

Johann Wolfgang von Goethe
um 1818, Gemälde von
Ferdinand Jagemann

Das änderte sich in Straßburg, wo er 1770 ankam. Er nahm sich in die Zucht, bestieg das Münster, um sich den Schwindel abzugewöhnen, er lernte Leichen zu öffnen, um seinen Ekel zu überwinden. Nachts ging er auf Friedhöfe oder in abgelegene Kirchen, die er sonst fürchtete. Die Rechte hörte er hier durchaus bemüht, begeistert dagegen war er von Johann Gottfried Herder, den er in dessen abgedunkelter Kammer traf: »Das bedeutendste Ereignis, was die wichtigsten Folgen für mich haben sollte.« Der vierte der »Weimarischen Riesen«, neben Wieland, Schiller und ihm selbst, wurde auf Goethes Wunsch 1776 als Geistlicher nach Weimar berufen.

Die beiden freundeten sich an, redeten oder stritten über Kunst, Gott und den Teufel, und Goethe, von Herder lernend, begann ernsthaft zu schreiben. Beider Lichtgestalt wie schon für Wieland: Shakespeare. Sofern Goethe nicht ausritt, sahen sie sich ständig. Auf einem der Ausritte aber traf er in Sesenheim Friederike Brion, in die er sich verliebte. Ewig glücklich wurden sie nicht, denn Goethe schreckte davor zurück, sich zu binden. Gut ein Jahr dauerte die heftige Leidenschaft, und am Ende ritt Goethe grußlos davon. Friederike Brion heiratete nie. Goethe kehrte als Anwalt nach Frankfurt zurück. Vor Gericht trat er kaum auf, statt dessen schrieb er auf einen Zug den *Urgötz*, mit dem er das steifbeinig gewordene, festgeformte, französisch barock geprägte Theater erschütterte. Das Überkommene wurde weggefegt. Regellosigkeit statt Regeln. Shakespeare statt Sonnenkönig. Wielands Übersetzungen hat-

Christiane Vulpius um 1800,
Gemälde von Friedrich Bury

ten gefruchtet. Bis dahin hatte für Stücke gegolten: eine Handlung an einem Ort an einem Tag. Goethe hatte das gesprengt und wurde dafür berühmt. Als die zweite Fassung des *Götz von Berlichingen mit der eisernen Hand* 1773 erschien, hatte er eine neue Liebe gefunden: Charlotte Buff.

Goethe war an das Reichskammergericht nach Wetzlar gegangen. Auf einem Ball hatte er sie getroffen, und obwohl sie verlobt war, besuchte er sie einen Sommer lang, bis seine Sehnsucht nach der Unerreichbaren brennender als billig geworden war. Ihr Zukünftiger, Johann Christian Kestner, schritt freundlich, aber bestimmt ein. Goethe zog bestürzt ab. Zurück in Frankfurt dann erfuhr Goethe vom Selbstmord Carl Wilhelm Jerusalems, den er flüchtig gekannt hatte. Er hatte sich umgebracht, weil ihm eine Verheiratete versagt geblieben war. Die Pistole dazu hatte er sich von Kestner geliehen. Alles zusammen mischte Goethe in *Die Leiden des jungen Werthers*, und aus Charlotte Buff wurde Werthers Lotte, die sich nur in einem unterschied: In Wahrheit hatte sie blaue, in der Dichtung die schwarzen Augen der Maximiliane von La Roche, die Charlotte Buff abgelöst hatte. Auch sie war versprochen, auch in sie verschaute er sich. Deren Verlobter aber, Peter Anton Brentano, warf Goethe einfach aus dem Haus, der so nur noch eine Leidenschaft von Weimar entfernt war: Lili Schönemann. Mit der nun verlobte sich Goethe. »Sie war in der Tat die Erste, die ich tief und wahrhaft liebte. Auch kann ich sagen, daß sie die Letzte gewesen.« Um sie zu sehen, ging er selig auf Bälle und in Konzerte, tanzte, spielte, doch ganz erfüllt war er dennoch nicht. Bald sah er sich als »Fassnachts Goethe«, als »Papagei auf der Stange«. Die Verlobung wurde gelöst. Und daher: »Ich muß fort!«

Frankfurt – Weimar. Mit der Kutsche über hundsmiserable Wege, an jeder Grenze jedes noch so kleinen Fürstentums der Zoll. Oft genug wurde das Gepäck durchsucht, oft genug waren die Herbergen eher bedenklich. Achsbruch oder geborstene Wagenräder waren Alltag. Schlimmer noch das Umstürzen der Kutschen, das vielen den Kopf kostete. Reisen blieb ein Wagnis, und auch Goethe, der im Herzogtum Weimar für den Wegebau sorgen wird, schuf wenig Abhilfe. Ankunft Goethes um fünf Uhr früh, noch mitten im Dunkel einer Novembernacht. Nur kurz dachte er Weimar zu besuchen, beinahe sechzig Jahre blieb er. »Goethe kömmt nicht wieder von hier los. Karl August kann nicht mehr ohne ihn schwimmen noch waten.«

Geschwommen wurde viel. Nackt in der Ilm, selbst im Winter. Peitschenknallen auf dem Marktplatz. Ausritte als gröhlend ungestüme Hatzen, mit umgehängten Bettlaken gespenstergleich durch Nacht und Wind. Der eben erst an die Macht gekommene Herzog stieß sich die Hörner ab, und Goethe war immer mit dabei. Vaterlos aufgewachsen, die Mutter regierend, wechselnde Erzieher, frisch verheiratet mit der eher spröden Prinzessin Luise von Hessen-Darmstadt – Goethe wurde des Herzogs großer Bruder, den dieser nicht hatte. Nichts und niemand im Weimarer Land war vor ihnen sicher. Sie jagten in Gabelbach, lagerten im Wald bei Stützerbach, in der Hütte auf dem Kickelhahn kritzelte Goethe still, weich gestimmt, *Wanderers Nachtlied* an die Wand. Von Ruhe sonst keine Spur. Einem Kaufmann rollten sie die Fässer vom Berg, einem Gastgeber schnitten sie das Gesicht aus seinem Bild, um selbst die Köpfe durchzustrecken. Gejagt wurden Wild und Mädchen. Auch dem Weimarer Hof blieb nichts erspart. »Morgens Possen getrieben, tagsüber Torheiten.« Vielen wurde das zuviel. Herzogin Luise duldete anfangs den ungehobelten Bürgerlichen weder an ihrer

Tafel noch an ihrem Spieltisch. Eine aber bewahrte Weitblick: die abgedankte Anna Amalia.

Der von der Gunst des Herzogs abhängige Hofadel sah sich verdrängt. Neid und Mißgunst trafen Goethe, besonders als der Herzog ihn wenige Wochen nach dem Einzug ins Gartenhaus in seinen Staatsrat hievte. Die einstige Herzogin aber unterstützte die Ernennung des unerfahrenen Goethe zum Geheimen Legationsrat gegen den erbitterten Widerstand adeliger Räte. Wie schon bei Wieland setzte sie auf einen Bürgerlichen, um den ungeschliffenen Herzog insgeheim auf reifere Herrschaftsbahnen zu lenken, und anders als bei Wieland wurde sie nicht enttäuscht. Der weltgewandte ältere Goethe, der zu Beginn die Saufgelage, Dorftänze, Ausschweifungen für den jüngeren Herzog auf die Beine gestellt hatte, wirkte immer beruhigender auf den Herzog, weil er selbst ruhiger wurde. Goethe erzog den Herzog, weil er selbst erzogen wurde: von Frau von Stein, die er heftig begehrte. Sie aber wies ihn zurück, weil sie das »Genietreiben« nicht litt. Sie glättete das Ungehobelte an ihm. Der polternde Götz ebbte ab, der empfindsame Werther verlor sich, der gemessene Goethe schälte sich heraus. Um Charlotte von Stein zu erobern, legte Goethe das wilde Wesen Schritt für Schritt ab, und mit ihm der Herzog, der Goethe immer mehr an Weimar band. Das Gartenhaus mitsamt Bürgerrecht waren nur der Beginn. Goethe wurde wohlhabend. Er übernahm in den Gartenhausjahren die Ausschüsse Bergwerk, Wege, Wasserbau, er hob Soldaten aus und baute Weimars Schulden ab, das Heer schmolz er dafür um die Hälfte ein auf knapp noch zweihundertfünfzig Soldaten zu Fuß. Die Husaren mußten Briefe befördern. Ohne ihn lief nichts mehr. Ging er vorüber, hatten die Wachen strammzustehen, erst vor dem Geheimrat, später dann vor dem Minister Goethe. Die übertragenen Aufgaben indes, die täglichen Auseinandersetzungen mit seinen Widersachern, das Anlaufen gegen althergebrachte Krusten höhlten ihn aus wie die täglichen Entscheidungen. Eine von ihnen: eine Hinrichtung. Auf dem Markt von Weimar stand das Blutgerüst, auf dem sich Anna Catharina Höhn laut des Mordes an ihrem Kind schuldig bekannte. Das Urteil: Tod durch das Schwert. Auf dem Rabenstein wurde sie enthauptet. Johann Wolfgang von Goethes Stimme hatte im Geheimen Rat den Ausschlag gegen die Abschaffung der Todesstrafe gegeben – und das, obwohl er das Elend der Kindsmörderin Gretchen so mitfühlend im *Faust* schilderte. Wenige Wochen vor der Hinrichtung schrieb Goethe sein »Edel sei der Mensch, hilfreich und gut!«.

Pflichten und Ämter: Goethe brauchte Ruhe. Er nahm sie sich. Fluchtort Gartenhaus. Kein Fensterkerzenlicht erhellte den Weg zu ihm nach dem beschwingten Trubel der Bälle, nach Hoffesten oder abendlichen Plauderstunden, keine Laterne leuchtete die unsichere Floßbrücke aus. Eine mitgeführte Fackel warf nur unzureichend Flackerlicht auf den stolprigen Weg oder den Steg über die Ilm. Die Fähre legte nachts nicht ab. Johann Peter Eckermann: »Man fühlt sich in den Frieden tiefer Natureinsamkeit versetzt, denn die große Stille ist oft durch nichts unterbrochen als durch die einsamen Töne der Amsel.« Am Anfang war das Gartenhaus leer. »Der Herzog hat mir all meine Möbel machen lassen.« Die Kammern im Haus wurden halbwegs hergerichtet, gegen die Winterkälte Öfen aufgestellt, der Kamin gefaßt, Kochgeschirr herbeigeschafft, dazu ein silbernes Tafelservice und Porzellan. »Ich kalfatre itzt Fenster und Türen und will sehn wie lang ich mich gegen die Unbilden der Wittrung halte.« Das Haus wurde gestrichen, das Dach mit Holzschindeln gedeckt, die mit Moos abgedichtet wurden. Fensterrahmen frisch eingesetzt, Fußböden verlegt, die Wände kräftig leuchtend gestrichen. »In meinem Tal wird's immer schöner, das heißt es wird mir näher und andern und mir genießbarer, da ich die vernachläßigten Plätzchen alle mit Händen der Liebe polstre und putze.« Im kleinen Gartensaal, dem »Erdsäälgen«, bewirtete er die Gäste. Daneben Küche und Dienerzimmer. In lauen Nächten schlief er häufig im Freien auf einem Altan, den er sich ans Haus gebaut hatte. Sein zusammenklappbares Reisebett steht noch in der Schlafkammer. Das

Gartenhaus am Rosenberg: ruhige Abgeschiedenheit. »Ohne Ziererei und Überfluß.«

Draußen vor der Tür wurde Erde angefahren, Hecken gepflanzt, Jasmin, Geißblatt, Zedern, Linden und Fichten und Buchen. Goethe ließ Terrassen im Garten anlegen, Steinstufen wurden eingefügt, der Hang hinter dem Haus als wegdurchschlungener, schattiger Park bepflanzt, daneben eine helle Obstwiese, beim Haus wurden Gemüse-, Erdbeer-, Spargelbeete umfriedet, die Wege um sie mit Aurikeln, Kaiserkronen, Reseda, Federnelken, Rosen gesäumt. An den Spalieren des Gartenhauses rankten sich Geißblatt, Wein, Tapetenrosen. Der gerade Weg zum »Stein des guten Glücks« wurde nach seinen Lieblingsblumen »Malvenallee« genannt. Weiße Gartenbänke luden zum Verweilen. Am Lieblingssitzplatz der Frau von Stein hoch am Hang brachte Goethe eine Tafel an: »Hier gedachte still ein Liebender seiner Geliebten.« Sie kam oft, trank Kaffee mit ihm oder aß seinen Spargel, den er für sie in seinem Ziehbrunnen wusch. Charlotte von Stein: »In Goethens Garten ist die schönste Aussicht, die hier zu haben ist, er liegt an einem Berg, und unten ist Wiese, die von einem kleinen Fluß durchschlungen wird.«

Überschwemmte der Fluß die Wiese, war Goethe abgeschnitten. Die kleinen Brücken über den Fluß, die er bauen ließ, wurden mit Gattern gesperrt. Die Stein hatte ebenso einen Schlüssel für sie wie der Herzog, der ihn oft weckte. »Guten Morgen, altes Kamel, liegst du noch in der Sauen?« Störenfriede dagegen wurden von den Sperrgattern der Brücken abgehalten. Wieland: »Gott weiß warum, sie sind mit Türen versehen, die ich, sooft ich noch zu ihm gehen wollte, verschlossen angetroffen habe. Da man nun nicht anders zu ihm dringen kann als mit einem Zug Artillerie oder wenigstens mit ein paar Zimmerleuten, die einem die Zugänge mit Äxten öffnen, so ist ein gemeiner Mann wie unsereiner gezwungen, das Abenteuer gar aufzugeben.« Unliebsame Höflinge hielt er sich so vom Leib, störende Besucher, Quengler, Plagegeister.

Christiane Vulpius,
gezeichnet von J. W. von Goethe
um 1788/89

»Ich sitze hier gerne an warmen Sommertagen nach Tische, wo denn auf diesen Wiesen und auf dem ganzen Park umher oft eine Stille herrscht, von der die Alten sagen würden: daß der Pan schlafe.« Der Garten: Rückzugsort. Der Garten: Schreibort. In seiner Schreibstube hockte er auf seinem Sitzbock, dem »Esel«, vor dem Pult. Er fing die *Iphigenie* an, den *Tasso*, schrieb am *Faust*, an *Egmont*, an *Wilhelm Meister* und nahm sich des Weimarer Liebhabertheaters an. *Triumph der Einsamkeit, Die Geschwister, Lila, Jery und Bätely* – leicht zu Spielendes entstand zuhauf. Und: Gedichte wie der *Erlkönig* oder *An den Mond*, der nebelverhangen fahl, winterklar gleißend oder sommerlich hell über dem Gartenhaus stand, das Goethe verwandelt hatte, wie er die Flußwiesen zwischen dem Garten und Weimar mit verwandelte. Borkenhäuschen, Sphinxgrotte, Läuterquelle, Felsentor – der »naturspäßige« Landschaftspark an der Ilm entstand, in dem Jahre später an der Naturbrücke, die den einstigen Steg ersetzte, eine lebensweisende Begegnung auf Goethe wartete.

Auf die sechs Jahre im Gartenhaus folgten bis zu seiner italienischen Reise vier Jahre im Haus am Frauenplan, in das er sich frisch geadelt eingemietet hatte. 2. Juni 1782: »In die Stadt gezogen zum erstenmal, hinne geschlafen.« Erst zehn Jahre später, 1792, wurde das Haus am Frauenplan sein Eigentum. Zum Mann von Stand gehörte ein standesgemäßes Haus. Den Garten behielt er. Er war ihm so nötig wie je. »Wer sich mit der Administration abgibt, ohne regierender Herr zu sein, der muß

Christiane schlafend,
Zeichnung von J. W. von Goethe
© Klassik Stiftung Weimar

entweder ein Philister oder ein Schelm oder ein Narr sein.«
Die Ämter laugten ihn aus, und nicht nur sie. Sein anhaltend
erfolgloses Liebesgezerre mit Charlotte von Stein hatte ihn
zermürbt, selbst sein Schreiben versiegte. Weimar, die Ämter,
die zehn Jahre des Werbens um die Stein wurden ihm zuviel: Er
floh abschiedslos nach Italien. Goethes Jahrgeld lief großzügig
weiter. Sein Herzog hatte ihm die Freiheit der Reise gegönnt.
Abreise am 3. September 1786, Venedig, Rom, Neapel, Palermo.
Goethes italienische Reise, der große Einschnitt in der Mitte
des Lebens. Rückkehr nach Weimar am 18. Juni 1788 zehn Uhr
abends bei Vollmond, doch als er, aufgeblüht im lebenssatten
Italien, wiedergekehrt war, genügte ihm die kühle Stein nicht
mehr. Vorhang zu für sie, Vorhang auf für Johanna Christiane
Sophie Vulpius.

Goethe in Weimar. Zeit: 12. Juli 1788. Ort der Handlung: das
alte Weinberghaus. Vermutet wird: An der Ilmbrücke hat er sie
getroffen, als sie ihm ein Unterstützungsgesuch ihres Bruders
Christian August Vulpius übergab, der zehn Jahre später mit
Rinaldo Rinaldini, der Räuberhauptmann eine der seinerzeit
erfolgreichsten Geschichten schrieb. »Ich ging im Walde so für
mich hin« – das Gedicht ist ihr gewidmet. Gleich die erste Nacht
verbrachten Goethe und die Vulpius gemeinsam. Den Tag ihrer Begegnung feierten sie als Beginn ihrer Gemeinsamkeit.
Christiane Vulpius, braungelockt, jung, drall, lebenslustig, die
sich die Schuhe durchtanzen konnte, wurde Goethes Geliebte.
»Uns ergötzen die Freuden des echten nacketen Amors.« Sie

waren »hasig«. Als Charlotte von Stein von der Liebschaft erfuhr, forderte sie giftig ihre Briefe zurück und verbrannte sie. Christiane Vulpius: die Säuferin, die Hur, das Mensch, die toll gewordene Blutwurst, Goethes feiler Bettschatz, seine Hausmamsell. Der Geheimrat und die Seidenblumennäherin. Als sie in das Gartenhaus einzog, zerriß sich Weimar das Maul. Sie wurden geschnitten. »Des geschaukelten Betts lieblich knarrender Ton.« Der Ruheort wurde Liebesnest und Versteck zugleich. Die Vulpius hatte nun den Schlüssel zum Gartenhaus. Im Haus eine Zeichnung Goethes: die schlafende Christiane halb sitzend, halb liegend in die Kissen eines Sofas geschmiegt, das zerstört ist wie das meiste, das einst im Gartenhaus stand. Bei der Stadtplünderung nach der Schlacht von Jena und Auerstedt drangen napoleonische Soldaten ein. Sie zerschlugen die Möbel. Anders im Haus am Frauenplan: Christiane Vulpius schritt beherzt ein. 14. Oktober 1806: »Abends um fünf Uhr flogen die Kanonenkugeln durch die Dächer. Um halb sechs Einzug der Chasseurs. Sieben Uhr Brand, Plünderung, schreckliche Nacht. Erhaltung unseres Hauses durch Standhaftigkeit und Glück.« Christiane Vulpius hatte eingedrungene Betrunkene wüst beschimpft und furchtlos in Schach gehalten. Um sie in unsicheren Zeiten abzusichern, heiratete Goethe sie reichlich spät nach achtzehn Jahren am 19. Oktober 1806. Nebenbei: Georg Melchior Kraus, der das Tafelrundenbild *Abendgesellschaft bei Anna Amalia* gemalt hatte, wurde von den Plünderern zusammengeschlagen und starb an den schweren Verletzungen.

Die Meinungen über sie schwankten zwischen »kleinem Naturwesen« und »Goethes dicker Hälfte«: Christiane von Goethe wurde später von den einen verklärt, von den anderen beschimpft. Ungerecht beides. Aufgewachsen war sie in bedrängter Armut, das wenige Geld, das der Vater verdiente, ein niederer Schreiber, wurde gespart, um ihrem Bruder nach Vaterwillen die Rechtswissenschaft zu ermöglichen. Sie mußte als Putzmacherin dazuverdienen, besonders nachdem ihr Vater aus dem Dienst entlassen und in Haft genommen wurde. Der Vorwurf einer Fälschung war erhoben worden, aber nicht zu erhärten. Bald darauf wurden ihm zwölf Reichstaler und zwölf Scheffel Korn als Gnadengehalt gewährt:»Unter der Bedingung, daß er sich unterdessen zur Aufsicht im Wegebau gebrauchen lasse.« Goethe kannte ihn. Sie aber begegnete Goethe erst mit dreiundzwanzig. Ein unverbildetes Mädchen, das ihn im Gartenhaus erwartete.»Wenn du nur wiederkömmst, wenn noch schöne Tage sind, daß wir noch mannichmal im Garten am Hause schlampampsen können.« Im Jahr nach ihrer Begegnung war sie»krabskrällig«. Schwanger. August von Goethe wurde geboren, das einzige ihrer»Pfuiteufelchen«, das überlebte. Zwei wurden tot geboren, zwei starben nach wenigen Wochen.

Im klatschsüchtigen Weimar hatte sie keinen leichten Stand. Auch Goethe nicht. Mit der Geburt des Sohnes mußten sie das Haus am Frauenplan verlassen. Sie lebten vor den Toren in einem Jägerhaus. Sinnfällig. Auch des Herzogs Bastarde wurden bei den Jägern untergebracht. Die Herzogin hatte sich verbeten, daß ihr Goethes Bankert alle Tage lang unschicklich vor der Nase herumgetragen werde. Erst nach weit über zwei Jahren durften sie in das Haus am Frauenplan zurück, das sich Goethe umbaute. Sammelwütig wucherte er hinein. Treppenaufgang, Büstenzimmer, Junozimmer, Vorzimmer, Wohnzimmer, Urbinozimmer, Majolikazimmer, Schlafzimmer, Gartenzimmer, die Gartenhäuschen für die Sammlungen, Bücher, Bilder, Gesteine, getrocknete Pflanzen, eigene Zeichnungen, Münzen. Sie hielt alles in Schwung. Diener, Mägde, die Köchin. Christiane Vulpius sorgte für ihn und das gut. Die andauernden Essen mit den ständigen Besuchern – Goethe wurde dick. Sehr dick. Die Gäste begrüßte das in den Boden eingelegte»Salve«. Champagner trank Goethe gern, auch Rheinwein und Würzburger.»Es standen mit Kunst rangiert allerlei Speisen, Krebse, Zunge etc., und dazu wurde feinster Wein präsentiert.« Gespeist wurde im Gelben Saal. Nach seiner Farbenlehre diente Gelb der Geselligkeit. Jedes Zimmer bekam eine passende Farbe. Goethe legte selbst

Goethes Gartenhaus,
Kupferstich von
Ludwig Schütze

vor. Rauchen war verboten, Schnupfen erlaubt. »Das Schnupfen hat er sich freilich nicht angewöhnt, aber dafür zieht er Eau de Cologne und anderes spirituoses Zeug in die Nase hinein.« Bei den Abenden, die gegeben wurden, war Christiane von Goethe nicht gern gesehen. In Gesellschaft sprach sie Goethe mit »Sie« an oder als »Geheimrat«. Ihr Zimmer lag im hintersten Winkel des Hauses. Weimar rümpfte über sie weiter die Nase. Auch durch die Heirat hatte sich das nicht geändert. Der Spott hielt an: »Goethe ließ sich unter dem Kanonendonner der Schlacht mit seiner vieljährigen Haushälterin Dlle. Vulpius trauen, und so zog sie allein einen Treffer, während viele tausend Nieten fielen.« Einzig Johanna Schopenhauer lud sie unbekümmert ein: »Ich denke, wenn Goethe ihr seinen Namen gibt, können wir ihr wohl eine Tasse Tee geben.« Goethe dagegen war längst eine nur zu gern besuchte Sehenswürdigkeit geworden. Im Haus am Frauenplan stellte er nicht nur seine Sammlungen aus, sondern auch sich selbst. Keiner hat so wie er absichtsvoll sein Leben zum Kunstwerk gemacht. Seinen Witz hat er darüber nicht verloren. Ludwig Tieck bei Johann Wolfgang von Goethe: »Sie wünschen mich zu sehen?« »Gewiß, Herr Geheimer Rat.« »Nun, so sehen Sie mich.« Goethe beginnt sich langsam zu drehen. »Haben Sie mich gesehen?« »Unzweifelhaft.« »Nun, so können Sie wieder gehen.« »Noch einen Augenblick, Herr Geheimer Rat.« »Was wünschen Sie noch?« »Nur eine Kleinigkeit.« Tieck greift in seine Tasche. »Was kostet die Besichtigung?«

Keiner von Rang oder Namen war in Weimar, ohne bei ihm

vorzusprechen. Die ellenlangen Besucherlisten – ohne Christiane von Goethe nicht zu bewältigen. Und ebenso der Haushalt, den sie alleine führte. Goethe reiste viel. Sie sandte ihm seine Essenswünsche hinterdrein. »Etwas Gutes, Gebratenes, einen Schöpsenbraten, einen Kapaun, ja einen Truthahn.« War er auf einer Badereise, sah sie ihm seine Kurschatten nach, die »Äugelchen«, zumindest die, von denen sie wußte – und er ihr die ihren. Christiane, eine Beschreibung: »Sie ist ein kleines lebhaftes Mädchen, eben nicht schön, aber voller Natürlichkeit, und durch Goethes Umgang soll sie gebildet und interessant geworden sein, so daß sie manche artige witzige Bemerkung macht. Goethe führt mit ihr ein häusliches, ruhiges, vergnügliches Leben, sie wohnt in seinem Hause, und besorgt die Wirtschaft.« Ballkleider, Tanzschuhe, Wein: Mit dem Wirtschaftsgeld haushalten, fiel ihr nicht immer leicht. Garten und Gartenhaus zu pflegen dagegen schon. Sein Gemüse, das Obst, das Heu waren für den Haushalt gut zu gebrauchen. Goethe dagegen betrat den »unteren Garten« nur noch selten. Der Herzog bot ihm an, den Grund für seine eigene Geliebte zu kaufen, eine Schauspielerin, über die sich Goethe Jahre später so ärgerte, daß er die Leitung des Weimarer Theaters abgab. Sie setzte gegen ihn, den erklärten Hundehasser, durch, einen Pudel auftreten zu lassen. Der Pudel kam und Goethe ging. Christiane von Goethe drängte darauf, Garten und Gartenhaus nicht aufzugeben, ihn statt dessen zu verpachten. Der Garten blieb ihm so erhalten, der Pachtzins floß in die Haushaltskasse.

Goethe: »Ich empfehle Ihnen meine Frau mit dem Zeugnisse, daß, seit sie ihren ersten Schritt in mein Haus tat, ich ihr nur Freuden zu danken habe.« Goethes Mutter: »Du kannst Gott danken! So ein liebes – herrliches unverdorbenes Gottesgeschöpf findet man selten.« Mutter Goethe hatte einen guten Blick. Ihren »Hätschelhans« und Schiller hatte sie vorausschauend früh als die Klassiker schlechthin benannt. »Was werden alsdann die Professoren euch zergliedern – auslegen – und der Jugend einbleuen.« Ebenso fröhlich wie die Briefe seiner Mutter klingen die Christianes an Goethe, ihr Tagebuch dagegen nicht. »Mit Zahnschmerzen herumgequält.« »Über Tisch Anfall von Magenkrämpfen.« »Wegen unfreundlicher Witterung verdrüßlich.« Unleidlich, »gramselig«, war sie oft, das aber verschwieg sie ihm meist. Sorgen, Ängste, Krankheiten behielt sie für sich oder spielte sie herunter. Tod, Hinfälligkeit, Siechtum waren Goethe verhaßt. »Habe mich nur ja lieb und denke an mich, ich habe dich ja jeden Augenblick im Sinn und denke nur immer, wie ich im Haushalt alles in Ordnung bringen will, um dir mit etwas Freude zu machen.« Ganz das unterwürfige Weibchen aber war sie nicht. Wo nötig, hatte sie Haare auf den Zähnen. Sie war selbstbewußt, tatkräftig, lebenstüchtig, nicht nur im Weimarer Haus und Garten. »Wieland hatte sich in Oßmannstedt angesiedelt. Eine Stunde davon, am rechten Ufer der Ilm, ward in Oberroßla ein kleines Gut verkäuflich, ich hatte Absichten darauf.« Goethe kaufte, verwaltet aber hat das Gut eher Christiane. Und ebenso das Theater in Bad Lauchstädt, das er übernommen hatte. Sie vertrat ihn, hielt die Schauspieler bei der Stange, berichtete nach Weimar von den Proben. In Lauchstädt fand sie, anders als in Weimar, Anerkennung. Ihr größtes Vergnügen: die Bälle. »Es ist mir, als hätte ich wieder ganz neues Leben bekommen.« Sie tanzte sich die Füße wund. Das Tanzen war ihr Laster, genauso wie der Wein. Goethe: »Sollte man wohl glauben, daß diese Person schon zwanzig Jahre mit mir gelebt hat? Aber das gefällt mir eben an ihr, daß sie nichts von ihrem Wesen aufgibt, und bleibt, wie sie war.«

Lebenslustig war sie und hemmungslos. Im Winter preschte sie, die Zügel in der Hand, die Pferde peitschend, mit dem Schlitten durch Weimar. »Sie ist sinnlich, das heißt auf Vergnügungen ausgehend.« Einerseits. Andererseits: ihre Einsamkeit in Weimar, Hochzeit hin oder her. Mit fast kindlicher Gutgläubigkeit nahm »die Frau Geheimrätin« an, Freundinnen in der guten Gesellschaft gefunden zu haben. Die Bissigkeit hinter ihrem Rücken ahnte sie nur selten. Dazu Goethes Krankheiten, die ihn wieder auf das alte Maß herabschmolzen. Nur zu oft fürchtete sie um sein Leben. Wenigstens hatte die Heirat sie halbwegs abgesichert. Zuvor hing sie in der Luft. Sein Tod hätte nicht allein ihren Wohlstand gefährdet. Wäre er gestorben, Weimars Gesellschaft hätte sie ausgegrenzt, fallengelassen, ausgeschlossen, doch sie starb lange vor ihm. Christiane von Goethe hatte einen qualvollen Tod. Niemand hielt mehr ihre Schreie aus. Sie biß sich die Zunge durch vor Schmerz. »Nahes Ende meiner Frau. Letzter fürchterlicher Kampf ihrer Natur. Sie verschied gegen Mittag. Leere und Totenstille in und außer mir.« Sie starb an Nierenversagen. Allein. Goethe, der nur wenige Zimmer weiter selbst an Fieber litt, vermochte sein Grauen vor dem Sterben nicht zu überwinden. Er kam nicht zu ihr. Christiane von Goethe: gestorben in Weimar am 6. Juni 1816, begraben auf dem Jakobsfriedhof bei der Kirche, in der sie geheiratet hatten.

Und Goethes Garten? Der Rückzugs-, Zufluchts-, Ruheort wurde nach ihrem Tod zum Sehnsuchtsort, den er nun wieder oft aufsuchte. Er gab weißleuchtende Gartentore in Auftrag, am Hang waren weitere Wege und Rondelle angelegt worden, der »Abtritt« hatte einen Beschlag aus »fichtener Lohrinde« erhalten, eine »Zwetschgendarre« wurde durch eine »Bratröhre« ersetzt. Die Böschung vor der Haustür wurde im Bogen abgestochen und mit »Krottenmauern« gestützt, vor dem Eingang schwarze und weiße Steine im Muster gepflastert. Er kümmerte sich wieder. Erneut suchte er Stille. Weimar war weit und doch nah. »So nahe, daß man in wenigen Minuten dort sein kann, und doch, wenn man umherblickt, sieht man nirgend ein Gebäude oder eine Turmspitze ragen, die an eine solche städtische Nähe erinnern könnte; die hohen dichten Bäume des Parks verhüllen alle Aussicht.« Für den Himmel ein Fernrohr, für das Wetter ein Wetterglas, für das Schreiben noch immer ein Schreibpult in einer der oberen Kammern. Alles beim alten. »Sehr klein und ohne eigentliche Bequemlichkeit.« Der Blick geht über die Wiese zum Park. »Man denkt, es müsse jeden Augenblick ein Hirsch, ein Reh auf die Wiesenfläche hervorkommen.« Ein beschaulicher Abgeschiedenheitstraum, unterbrochen nur vom Schlagen der Turmuhr, Pfauengeschrei von der Höhe des Parks herüber oder dem Trommeln und Hörnerblasen des Militärs der Kaserne. Noch einmal Johann Peter Eckermann: »Es erwacht mit solchen Tönen das behagliche Nähegefühl der heimatlichen Stadt, von der man sich meilenweit versetzt glaubte. Zu gewissen Tages- und Jahreszeiten sind diese Wiesenflächen nichts weniger als einsam. Bald sieht man Landleute, die nach Weimar zu Markt oder in Arbeit gehen und von dort zurückkommen, bald Spaziergänger aller Art längs den Krümmungen der Ilm, besonders in der Richtung nach Oberweimar, das zu gewissen Tagen ein sehr besuchter Ort ist. Sodann die Zeit der Heuernte belebt diese Räume auf das heiterste.« Schafherden zogen über die Wiesen, Kühe weideten. Das aber ist lange her. Der Sehnsuchtsort wurde Erinnerungsort an sein Leben, sein Schaffen, sein Werk und an Christiane von Goethe. Am 20. Februar 1832 hatte Goethe das Gartenhaus letztmals besucht. Vier Wochen später war er tot.

Liebesstufen

Wenige Schritte von Goethes Gartenhaus: das Haus an der Ackerwand. »Hier wohnte Charlotte von Stein 1777 bis 1827.« Einen halben Tagesmarsch dagegen von Weimar entfernt: ein Torhaus, dann eine Brücke über einen Wassergraben, flügellose Torsäulen zum Innenhof, beiseite ein Liebhabertheater, ein Barockgarten, ein wegdurchzogener Park eines Schlosses. Im Schloß ein schlichter Schreibschrank. Auf dessen Tischplatte kaum leserlich eingeritzt: »Goethe d. 6 Dez. 75.« Das Schloß ist das Herrenhaus des Landgutes der Familie von Stein, der 6. Dezember 1775 war der Tag der ersten ungestörten Begegnung zwischen der Hausherrin Charlotte von Stein und dem frisch in Weimar eingetroffenen Goethe. Charlotte Albertine Ernestine geborene von Schardt, 1742 bis 1827: Neben der Herzogin Anna Amalia, der ein Liebesverhältnis mit Goethe unterstellt wurde, ist Charlotte von Stein bei allem Wissen über sie im Goethespiel die große Unbekannte. Wer immer ihr nachspüren will, der besucht einen Katzensprung von Goethes Gartenhaus an der Ilm das Haus an der Ackerwand, den alten Husarenstall, in dem Charlottes Stadtwohnung war, doch recht eigentlich muß er hinaus nach Großkochberg zum »Schloß hinter den Bergen«.

Goethe und Frau von Stein: eine Liebesgeschichte, die gut zehn Jahre dauerte und für Frau von Stein bis an ihr Lebensende nachklang, zumeist gebaut aus Goethes Briefen, seinen Tagebüchern, seinen Selbstzeugnissen. Die Aufzeichnungen, Gespräche, Erinnerungen Goethes, die Erinnerungen und Briefwechsel seiner Freunde und Bekannten gaukeln ein vollends zu erfassendes Leben vor. Jedes noch so kleine Ereignis daraus wurde vor und nach Goethes Tod besprochen, jeder Wortfetzen wurde gesucht, beleuchtet, um und um gewendet. Doch gänzlich zu belegen ist Goethes Leben nicht, denn er selbst hat immer wieder entscheidende Briefe verbrannt. Und nicht nur er. Die von ihm bitter enttäuschte Charlotte von Stein forderte ihre Schreiben an ihn zurück, die sie vernichtete. Die Briefe, die sie ihm nach Italien sandte, hat Goethe auf ihren ausdrücklichen Wunsch hin zerstört. Aberhunderte Briefe, Zettel, Billets hat Goethe in den ersten Jahren in Weimar bis zu seiner italienischen Reise an Charlotte von Stein geschickt, nach ihrem Bruch schrieben sie sich über Jahre nicht mehr, und erst aus Charlotte von Steins Alter sind Briefe an Johann Wolfgang von Goethe überliefert, die ihre Gefühle für ihn andeuten. Viele Fragen zu beider Zuneigung blieben offen, auch die, ob Charlotte von Stein nur das Mäntelchen war, eine Liebschaft mit Anna Amalia zu verdecken. Die am häufigsten gestellten und am meisten umstrittenen aber lauten: Wie weit gingen Goethe und die Stein? Haben sie die Ehe Charlotte von Steins gebrochen?

Jean-Jacques Rousseau: »Den Männern gefallen und nützen, sich ihre Liebe und Hochachtung erhalten, sie verpflegen, ihnen raten, sie trösten, ihnen das Leben annehmlich und süß machen, das sind zu allen Zeiten die Pflichten des weiblichen Geschlechts.« Töchtererziehung hieß Ehevorbereitung. So auch bei Charlotte von Schardt. Sprachen: Deutsch, Französisch. Klavierspiel: sehr hübsch. Tanzen: ausgezeichnet. Das Augenmerk richtete sich auf das Erlernen der Hausarbeit, um später den Dienstboten desto besser auf die Finger sehen zu können, dazu allenfalls etwas Musik, etwas Malerei und etwas Literatur, um bei Hof unterhaltsam mitplaudern zu können. Viel mehr war nicht gefragt. Johann Gottfried Herder: »Eine Henne, die da krähet, und ein Weib, das gelehrt ist, sind üble Vorboten: Man schneide beiden den Hals ab.« Kinder von Adeligen, die dem Hof nahestanden, wurden als Pagen oder Hofdamen in den Haushalt der Fürsten gegeben, um dem trockenen Hauslehrerwissen Weltgewandtheit beizufügen. Für Charlotte von Schardt hieß das, mit sechzehn Hoffräulein Anna Amalias zu werden, sie täglich auf Spaziergängen, Kutschfahrten, zu Maskenbällen, Konzerten zu begleiten. Doch das Speisen an der Hoftafel, Vorlesen oder mit ihr an den Spieltischen sitzen, endete nach gut sechs Jahren, weil Josias von Stein um Charlotte von Schardt angehalten hatte, die mit über zwanzig Gefahr lief, als »alte Jungfer« sitzenzubleiben. Keine Liebesheirat. Ihn zu nehmen war vernünftig. Im armen Weimar galt der ansehnliche herzogliche Stallmeister mit den ausgedehnten Ländereien und Wäldern seines Ritterguts Großkochberg als wohlhabend. Charlotte von Stein, große dunkle Augen, immer gut gekleidet, wohlgestaltet und dabei doch ernst bis zur Strenge, war versorgt, recht glücklich wurde sie nicht. Josias von Stein betrieb die Landwirtschaft auf seinem Gut, lieber aber genoß er das Hofleben, er war weitgereist, rechtschaffen, gern gesehen, doch seine Leidenschaft galt seinen Pferden, um die er sich weit mehr kümmerte als um Charlotte. Dennoch gebar sie in zehn Jahren sieben Kinder. Die drei Söhne überlebten, die vier Mädchen starben. Kinder bekommen, Pflicht erfüllt. Schwanger sein aber war für die zierliche Charlotte von Stein ein Graus, währenddessen sie dem Hoftreiben fernblieb. Sie ängstigte sich. Zuviele starben im Kindbett. Die fast jährliche »Pein«, die sie zumeist im ruhigen Großkochberg tränenreich ausstand, hinterließ Spuren. »Sie ist einige und dreißig Jahre alt, hat sehr viele Kinder und schwache Nerven. Ihre Wangen sind sehr rot, ihre Haare ganz schwarz, ihre Haut italienisch wie ihre Augen. Der Körper mager, ihr ganzes Wesen elegant.«

Charlotte von Stein,
Silhouette um 1790

Die Geburten hatten sie mitgenommen. Sie kränkelte, fühlte sich matt, schwach, ausgelaugt – und ehegelangweilt. Für
ausgelassene Hofvergnügen war sie, anders als Stein, nicht
leichtsinnig genug, doch sie entzog sich ihnen nicht zu häufig,
um ihre Hofpflichten trotz allem gewissenhaft zu erfüllen. Die
»ewigen Zerstreuungen« waren ihr lästig, gerne folgte sie den
Einladungen nicht. Zu sehr legte sie auf Anstand wert, auf
»Hofmanieren«, auf vornehme Beherrschtheit, auf Schicklich-
keit, die bei Hof desto mehr zurücktraten, je näher der junge
Carl August seiner Amtsübernahme kam. So war sie erzogen.
Als sich sorgend wurde sie beschrieben, gebildet, von veredel-
tem Benehmen. Ihre Ansprüche waren hoch. Ob die Herzogin,
Charlotte von Kalb, Friedrich oder Charlotte Schiller: Wer ihr
begegnete, fühlte sich von ihr angezogen. Johann Georg Zimmermann an Johann Kaspar Lavater:»Ihre Stimme war sanft
und bedrückt. Ernst, Sanftmut, Gefälligkeit, leidende Tugend
und feine tiefgegründete Empfindsamkeit sieht jeder Mensch
beim ersten Anblick auf ihrem Gesichte.« Erst der zweite Blick
zeigte Schattenseiten der Frau von Stein. Mit Vorwürfen war
sie leicht bei der Hand, sie maßregelte nur zu gern, konnte
schneidend sein, verletzend, zuweilen giftig, schroff, kalt. Zwei
Seelen in ihrer Brust. Einfach war sie nicht, und einer bekam
das herb zu spüren, der im Jahr nach ihrer letzten Niederkunft
nach Weimar reiste.

Goethe und die Stein. Erste Stufe: Kennenlernen. Charlotte
von Stein hatte Goethes *Die Leiden des jungen Werthers* hinge-

Charlotte von Stein,
vermutlich Selbstbildnis
um 1780

rissen gelesen. Sie bat den Arzt Johann Georg Zimmermann, den sie auf einer ihrer Badekuren kennengelernt hatte, um eine Beschreibung Goethes. Er gab sie gern. »Sie wissen nicht, bis zu welchem Punkte dieser liebenswürdige und bezaubernde Mann Ihnen gefährlich werden könnte!« Zugleich sandte er ihr einen Scherenschnitt Goethes, dem er umgekehrt einen Schattenriß Charlotte von Steins gab. Drei Tage, so wurde ihr eifrig gesteckt, habe Goethe darauf nicht geschlafen. Galant, geschmeichelt, übertrieben und doch mit Wirkung. Beide waren angespitzt. Zimmermann: »Er wird sicherlich kommen, Sie in Weimar zu besuchen.« Er kam nicht ihretwegen, aber er kam. 7. November 1775. Wenige Tage nach seiner Ankunft hatten sie sich in Weimar erstmals gesehen, dann der 6. Dezember 1775, Goethes Besuch auf Gut Großkochberg, die Schreibtischplatte. Goethe bezauberte den Weimarer Hof, selbst Wieland, den er in *Götter, Helden und Wieland* elend verspottet hatte, nur nicht Charlotte von Stein. »Goethe und ich werden niemals Freunde. Auch seine Art mit unserm Geschlecht umzugehn, gefällt mir nicht.« Ihr mißfielen sein »unanstän'ges Betragen mit Fluchen, mit pöbelhaften niedern Ausdrücken«, die Zechgelage, die wilden Ritte zu Dorffesten, das Peitschenknallen, mit dem Goethe und der frischgebackene Herzog Weimar aufscheuchten. »In Weimar geht es erschrecklich zu. Der Herzog läuft mit Goethe wie ein wilder Bursche auf den Dörfern herum, er besauft sich und genießt brüderlich einerlei Mädchen mit ihm.« Goethes Treiben ging ihr gegen den Strich. Ihr Urteil: »Er verdirbt andere.« Sie hielt ihn gebührend auf Abstand, denn Goethe bedrängte sie. Goethe schon Anfang 1776:»Eine herrliche Seele ist die Frau von Stein, an die ich so was man sagen möchte, geheftet und genistelt bin.« Er sechsundzwanzig, sie dreiunddreißig, verheiratet, Mutter.

Stufe zwei: Annäherung. 1776.»Weil ich doch nun einmal die Schwachheit für die Weiber haben muß, will ich sie lieber für Sie haben als für eine andere.« Noch schrieb er»Sie«, bald aber wechselte er zum»Du«, das sich Charlotte von Stein noch sehr lange als unziemlich verbat, ehe sie ihm das»Du« erlaubte. Sie traute ihm nicht, denn Goethe umgarnte viele.»Ich log und trog mich mit allen hübschen Gesichtern herum und hatte den Vorteil, immer im Augenblick zu glauben, was ich sagte.« Goethes Herumliebeln kam ihr kindisch vor.»Der arme Mensch, er dauert mich.« Er erschien ihr unzuverlässig, ein unreifer Bengel, der sich ungebärdig gab, der in ihren Augen weder viel Anstand noch Benimm hatte. Goethe:»Denk an mich und drück Deine Hand an die Lippen.« Das war frech, zu frech für sie, aber Frechheit siegt. Er bestürmte sie mit Briefen, Zetteln, Aufmerksamkeiten, bis die Festung zu bröckeln begann, denn eines war er nicht: langweilig. Charlotte von Stein:»Obs unrecht ist, was ich empfinde – und ob ich büßen muß die mir so liebe Sünde, will mein Gewissen mir nicht sagen; vernicht' es Himmel, du, wenn michs je könnt' anklagen.« Sie schwankte, je länger je mehr.

Stufe drei: Zögern. Goethe beklagte das Schicksal,»nicht geliebt zu werden, wenn ich liebe«. Charlotte von Stein versagte ihm Vertrautheit, allzumal sinnliche. Ihre Heirat hatte eine unsichtbare Mauer um sie errichtet, die sie nicht einriß. Freizügige Verhältnisse zwischen Gattinnen und Liebhabern waren gängig, aber nichts für sie. Charlotte von Stein achtete die Schranke, die ihr Einhalt gebot. Nur nicht ins Gerede kommen,»angeklagt« werden vom Klatsch und Tratsch des müßiggehenden Hofes. Er begehrte – sie wies ab. Mal mehr, mal weniger. Erlaubt ist, was sich schickt. Goethe dagegen zog an allen Fäden. Er schmollte, wurde aufbrausend, eifersüchtig, wütend, zärtlich, besorgt, ging ihr aus dem Weg, belagerte sie, stritt und versöhnte sich. Briefe oft Tag für Tag, und vertraute Momente wie ihr gemeinsamer Nachmittag in der Höhle im Hermannstein beim Kickelhahn, in dessen Schutzhütte er *Wanderers Nachtlied* schrieb. Später kehrte Goethe zurück, ein »S« in den Fels einzumeißeln. Die Stein aber war unerbittlich. Nach außen. Ihren Zwiespalt behielt sie für sich. Sie genoß die »Lebenslust«, die er der so lang Bedrückten einhauchte, er hingegen schätzte, daß sie ihn »besänftigte«, denn sie erzog ihn. »Es verlangt mich nach Vollkommenheit, so viel es hier möglich ist, in dem Gegenstand, der mich an sich zieht.« Sie nahm ihn bei der Hand, stutzte ihn zurecht, brachte ihm höfisches Betragen bei, das ihm half, sich am Weimarer Hof in die ihm vom Herzog Schritt für Schritt übertragenen Aufgaben einzufinden. Was für Goethes Benehmen galt, galt auch für sein Schreiben:»Mußt all' die garstigen Wörter lindern: Aus Scheißkerl Schurk, aus Arsch mach Hintern.« Indem er sich an Charlotte rieb, schliff sie ihm die Ecken und Kanten ab, zugleich gab ihm das Hoffnung, sie doch noch zu erobern, sobald er ihren Vorstellungen entsprach. Charlotte von Stein war geschickt.

Vierte Stufe: Sehnen. »Wir können einander nichts sein und sind einander zu viel.« Was Goethe zu ihr hinzog? Ihr Wesen wurde durchleuchtet, ihr Aussehen untersucht, ihre Handschrift ausgelegt, ihre Briefe zerdeutet, und doch ist die Antwort simpel: Wo die Liebe hinfällt. Er spürte ihre Zuneigung, doch all seine Mühen blieben weiterhin vergeblich, und er mußte einsehen, daß Charlotte von Stein nicht seine Geliebte werden würde. Das sich vertiefende Gefühl eines Bürgerlichen für eine verheiratete Adelige konnte auf Dauer nicht statthaben, und Goethe steckte vorerst entmutigt zurück. Beider Sehnsucht aber blieb. Ihr Ausweg bestand darin, sich eine sittsam geistige Liebe vorzumachen, eine schickliche Seelenfreundschaft, die ihnen den Umgang miteinander erlaubte, ohne die durch Charlotte von Stein gesteckten Grenzen zu überschreiten. Sie machte ihn zu ihrem »Bruder«, dann zum »Heiligen«, der leidlich gefahrlos anzubeten war, er sie zur »Schwester«, doch die Geschwisterbande waren ein Trugbild, denn das unerfüllte Begehren brodelte in beiden weiter, jahrelang. »Fieberhafte Wehmut.«

Geben und Nehmen. Er ritt zu ihr den »stoßigen Weg« nach Großkochberg hinaus, blieb oft tagelang, auch allein, wenn sie auf einer »Badereise« war, um ihre fortdauernden Beschwerden zu lindern, sie hingegen ging, so sie in Weimar lebte, zu ihm an die Ilm. Tägliche Besuche. Goethe spielte mit ihren Kindern, schickte ihr Gemüse aus seinem Garten, Wildbret, Braten, Wein, sie sandte ihm Leckereien ins Gartenhaus, sooft er vor Arbeit nicht zum Essen kam. »Darf ich diese Nacht mit Ihnen essen? Zum Mittage bitt' ich mir durch Überbringern eine Wurst oder so zu schicken.« Josias von Stein, mit dem sich Goethe gut verstand, war selten zu Haus. Goethe, zu dessen Aufgaben Weimarer Bauten gehörten, sorgte dafür, daß sie keinen langen Gehweg zu ihm hatte. Goethe, 2. Februar 1777: »Hab ich doch wieder eine Puppe, womit ich spielen kann. Eine Wohnung für Sie!« Charlotte von Stein zog aus der Kleinen Teichgasse in das Haus an der Ackerwand, dessen Umbau Goethe vorantrieb. Bald zeigten ihm ihre nächtlich erleuchteten Fenster als »Gruß in die Finsternis« ihre Nähe, die sie gegenseitig suchten. »Die Mauer am Welschen Garten eingeworfen.« Sie versperrte den Weg von seinem Gartenhaus zur Ackerwand. Sie trafen sich bei den Hofvergnügungen, tanzten auf den Bällen, liefen Schlittschuh, hörten Konzerte. All das aber änderte nichts. Sie verweigerte sich, Goethe warb.

Wurde ihr das Spiel zuviel, zog sie sich nach Großkochberg zurück, um allein zu sein, zu lesen, auszureiten. »Doch ist mein größter Zeitvertreib, vor der Haustüre auf der Brücke zu sitzen, und da kann ich mit Recht singen: Beschattet von der Pappelweide am grünbemoosten Bach.« Doch ein blanker Zeitvertreib war das Gut nicht. Es warf nur wenig Gewinn ab. Sie legte selbst Hand an, Mißstände zu beseitigen, die Bücher zu führen oder den Pächtern Zügel anzulegen. Charlotte von Stein an ihre Schwägerin:»Stell Dir nur vor, daß ich auch nicht einmal zum Klavierspielen gekommen bin, kaum viermal gezeichnet habe. Ich habe immer so viel zu schreiben, daß mir ganze Tage damit hingehen, und um die Wirtschaft bekümmere ich mich auch; denn ich studiere die Hausmutter und gehe auch manchmal in den Kuhstall.« Josias von Stein hatte zu viele unglückliche Entscheidungen getroffen. Die Pächter betrogen ihn, seine Versuche, die Erträge zu steigern, waren gescheitert, er verlor die Lust am »Kochberger Wirtschaftskreuze«. Sie nicht. Goethe schickte ihr junge Obstbäume und riet, sie mit Dornen gegen Hasen zu schützen, Charlotte von Stein kaufte die besten Milchkühe auf, die zu finden waren, pflanzte Kartoffeln an, die sich erst unlängst durchzusetzen begannen. »Indessen«, schrieb sie, stolz auf Selbstgemachtes, »sitz' ich im grünen Stübchen (bin erst ein paarmal im Garten herumgetrappt), und trinke Kaffee mit ganz prächtigem Rahm.« Die »liebe Landfrau« hielt die Wirtschaft zusammen, blieb oft Wochen um Wochen dem Weimarer Hof fern, an dem sie vermißt wurde. Herzogin Luise:»Wollen Sie sich in Kochberg begraben lassen? Ich bitte, mir dieses zu sagen, damit ich mich darauf vorbereiten kann, anzufangen, Sie zu vergessen.« Zog sich Großkochberg zu lange hin, wurden Besucher häufiger, die sie in ihrer Einsamkeit störten. Auch Goethe hielt sie von sich fern, der sie zurücksehnte.»Die ersten Tage meiner Entfernung von Dir sind immer sehr schmerzhaft, jeden Augenblick mögte ich zu Dir laufen.« War sie zurück, begann das alte Lied, die Tonlage aber änderte sich.

Fünfte Stufe: Hingabe.»Meine Seele ist fest an die Deine angewachsen, ich mag keine Worte machen, Du weißt, daß ich von Dir unzertrennlich bin, und daß weder Hohes noch Tiefes mich zu scheiden vermag. Ich wollte, daß es irgendein Gelübde oder Sakrament gäbe, das mich Dir auch sichtlich und gesetzlich zu eigen macht, wie wert sollte es mir sein. Und mein Noviziat war doch lang genug, um sich zu bedenken.« Für sie gab es weder Segen noch Gelübde noch Gesetz, sich zu verbinden, denn Charlotte von Stein hatte ihre Ehe nicht aufgegeben, aber sie gab auch Goethe nicht auf. Seine jubelnden Briefe sind vielsagend. Er hoffte auf mehr. Weit mehr. »Mein ganzes Wesen wird Dir immer fester verbunden. Du weißt es, aber fühl es auch, und sei glücklich, wie Du mich glücklich machst.« Charlotte von Stein indes war weiter zu beherrscht, ihren Gefühlen Lauf zu lassen. Viele empfanden sie als abweisend kühl, auch gegenüber ihren Kindern. Ihr Jüngster, Fritz von Stein, indes war ihr Liebling. Daß sie ihn für Jahre in Goethes Haus zur Erziehung gab, war für Goethe das überdeutliche Sinnbild ihrer Zuneigung. »Wie ich mich freue, dies Pfand von Dir zu haben.« Fritz von Stein erinnerte sich: »Unendlich war die Sorge und Liebe, mit der er mich behandelte, und ich verdanke ihm sehr viel in dieser glücklichen Epoche von 1782–86, wo er nach Italien reiste.« Goethe an Vater statt: »Ich liebe Dich in ihm.«

Bald trennte beide nur noch eine einzige Mauer: die zwischen ihrem Haus an der Ackerwand und Goethes Haus am Frauenplan, in das er sich einmietete. »Es ist mir ganz einerlei, wo ich bin, wenn ich Dir nur nah wohne.« Des häufigen Sehens kein Ende. Braten, Gemüse, Wein wurden noch immer ausgetauscht. Goethe schenkte ihr gern, darunter Kostbares wie einen von ihm entworfenen Damenschreibtisch, den er für sie hatte anfertigen lassen. Eine Liebesgeste aber ragte heraus: Freimaurerhandschuhe, die er bei seiner Logenaufnahme bekommen hatte. Zwei Paar wurden übergeben. Herrenhandschuhe, die der aufgenommene »Bruder« in der Loge zu tragen hatte, Damenhandschuhe für die von der Loge ausgeschlossene »Schwester«. »Es hat aber das Merkwürdige, daß ich's nur einem Frauenzimmer, ein einzigesmal in meinem Leben schenken kann.« Herzdame Charlotte von Stein. Glückliche Tage.

Ungetrübt blieben sie nicht, denn Goethes Werben, das ihr so gut tat, forderte weiter ihre Abwehr heraus. Sie stand sich selbst im Weg. »Ich kann nicht instinktmäßig lieben, wie ich's bei vielen sehe.« Eine Liebe aber, die nicht erfüllt wird, quält.

Öfter denn je brach heftiger Streit aus. Zu hart die Nuß, die für ihn nicht zu knacken war. Ein allzu lockeres Wort, ein im Zorn unbedacht scharfer Vorwurf von ihm: beleidigt, ungerecht behandelt, beschimpft zu werden, verzieh eine Charlotte von Stein sehr lange nicht, und Nachgeben lag ihr nicht. Oft genug wurde sie zum Stachel in seinem Fleisch. Die Wunden, die ihm ihr Hinhalten schlug, heilten trotz des Glücks schlecht und schlechter. Liebeswundbrand breitete sich schleichend bei ihm aus. Goethe wurde ungemütlich, doch nicht nur wegen ihr. Weimar, der Hof, seine Amtspflichten waren ihm lang schon zuviel. Die täglichen Geschäfte fraßen ihn auf. Sein Schreiben war ihm zu sehr auf der Strecke geblieben. Unzufriedenheit nagte an ihm. Er wurde verschlossen, schweigsam, grüblerisch. Das Jahr 1786 rückte heran.

Sechste Stufe: Enttäuschung. Immer häufiger hatte sich Charlotte von Stein nach Großkochberg zurückgezogen, um Ruhe zu finden. Ihre Kränklichkeit war nicht weniger geworden. Im Sommer fuhr sie nach Karlsbad, um sich behandeln zu lassen. Goethe besuchte sie auf ihrer Badereise, dann geleitete er sie ein Stück Wegs zurück. Er selbst ging nicht nach Weimar. Er sandte ihr Nachricht, daß er auf einige Wochen verreisen werde. Sie verbrachte seinen Geburtstag im Gartenhaus an der Ilm, legte ihm ein Geschenk in den Schreibtisch, das dort sehr lange lag, denn wer nicht zu ihr zurückkam, war Goethe. Woche um Woche Schweigen. Ihre sorgenvolle Unruhe wuchs, die bald von Wut abgelöst wurde. Sie, die große Vertraute Goethes, der sich ihr preisgegeben hatte, die ihn kannte wie keine, die seine Geheimnisse wahrte, tappte im Dunkeln. Kein Wort von ihm, nichts. Im Winter erst erhielt sie eine Botschaft: Den Weimarer Zwängen entflohen, war Goethe in Rom. Entsetzt, böse, ernüchtert jagte sie ihm knappe Zeilen hinterher. Goethe: »Das war also alles, was Du einem Freunde, einem Geliebten zu sagen hattest, der sich so lange nach einem guten Worte von Dir sehnt, der keinen Tag, ja keine Stunde gelebt hat, seit er Dich verließ, ohne an Dich zu denken.« Goethe hatte ihr

Schloß Großkochberg,
Wohnsitz der Familie von Stein,
Zeichnung J. W. von Goethe

geschrieben, doch die Briefe hatten sie durch ein Versehen nicht erreicht. Goethe, obwohl ebenso enttäuscht, lenkte ein, schrieb ihr, um sich mit ihr auszusöhnen, eine Antwort aber bekam er nicht. Erst zum Jahreswechsel dann ein Brief von ihr, der weniger hart war.

»Verzeih mir großmütig, was ich gegen dich gefehlt.« Nicht Charlotte von Stein. Zu arg hatte sie das wortlose Verschwinden getroffen. Für sie ein Vertrauensbruch, der bei ihr nicht eben leicht zu kitten war. Doch wie so oft: Charlotte von Stein wahrte ihre Haltung, verbarg ihre Gefühle, ihre Spitzen gegen Goethe aber durchstießen immer wieder die dünne Fassade ihres gespielten Gleichmuts. 1786 bis 1788: Goethes italienische Reise. Sie fühlte sich verlassen, zurückgelassen. Charlotte von Stein ahnte hellsichtig: Der Goethe, den sie gekannt hatte, wird nicht wiederkommen. Zu viele ungeahnte Erfahrungen, zu viele frische Erkenntnisse, zuviel südliche Sonne, die er nicht mit ihr teilte. Charlotte von Stein war hilflos verzweifelt, wie betäubt. »Es ist doch ein bös Ding um das Trennen.« Mit ihm, dem sie sich so weit entgegengeneigt hatte, wie sie nur konnte, hatte sie zuviel verloren. Die Lebensfreude, die er ihr eingegeben hatte, die wohltuende Nähe waren für Charlotte von Stein vorbei, ihr künftiges Leben schien ihr zerstört. Sie lenkte sich ab. »Cour sonntags, mittwochs bei der Herzogin-Mutter, Tanzclub freitags alle vierzehn Tage. Montags bei der Herzogin-Mutter die Assemblee der schönen Geister oder so eine Akademie, wo gezeichnet, gelesen und Champagnerwein

getrunken wird.« Ein schales Gefühl blieb dennoch, die Heimlichkeit seiner Flucht hatte sie zu tief gekränkt. Zwar begannen sie sich wieder zu schreiben, doch die verletzende Untreue verzieh sie ihm nicht. »Ich habe keine glückliche Natur, bei mir vernarbt keine Wunde.«

Stufe sieben: Zorn. Goethe: »Deine Briefe werden alle gleich verbrannt, wie wohl ungern. Doch Dein Wille geschehe.« Charlotte von Stein forderte das Verbrennen ihrer Italienbriefe. Goethes schlechtes Gewissen hatte so wenig gefruchtet wie seine Liebesbeteuerungen. Bei seiner Rückkehr freute sich Weimar, Charlotte von Stein freute sich nicht. Im Verlassensein sichtlich gealtert, lagen doch fast zwei Jahre zwischen Sehnsucht und Leiden hinter ihr, Goethe dagegen kam fröhlich, munter, aufgeräumt zurück. Sie sah alle Schuld bei ihm. Karoline Herder: »Sie will nicht verzeihen und er nicht um Verzeihung bitten.« Die Anspannung wuchs, als Goethe gleich nach seiner Ankunft eine Liebschaft einging: mit Christiane Vulpius, der Seidenblumennäherin. Für Charlotte von Stein ein Schlag ins Gesicht. Völliges Unverständnis. Als er begann, mit ihr zusammenzuleben, fühlte sie sich endgültig zurückgesetzt. Auf ihre scharfen Vorwürfe schrieb sich Goethe seine über Jahre aufgestaute Bitterkeit von der Seele: »Die Art, wie Du mich bisher behandelt hast, kann ich nicht erdulden. Wenn ich gesprächig war, hast Du mir die Lippen verschlossen, wenn ich mitteilend war, hast Du mich der Gleichgültigkeit, wenn ich für Freunde tätig war, der Kälte und Nachlässigkeit beschuldigt. Jede meiner Mienen hast Du kontrolliert, meine Bewegungen, meine Art zu sein, getadelt und mich immer à mon aise gesetzt. Wo sollte da Vertrauen und Offenheit gedeihen, wenn Du mich mit vorsätzlicher Laune von Dir stießest.« In ihrer ohnmächtigen Hilflosigkeit schrieb sie bestürzt nur »O!!!« auf den Briefbogen. Die Liebe ihres Lebens war dahin.

Achte Stufe: Spott. Mit ebensoviel Recht wie Unrecht abgelegt, beiseite geschoben, vor den Kopf gestoßen. Die Härte, die schon immer in Charlotte von Stein angelegt war, trat nun Lebensjahr auf Lebensjahr eiserner hervor. Nicht nur Goethe bekam das zu spüren, auch Josias von Stein, der über die Jahre verfallen war. Vor langem hatte er sich bei einem Sturz vom Pferd den Kopf verletzt. Ganz erholt hatte er sich davon nie. Nun kamen Schlaganfälle dazu. Charlotte von Stein pflegte ihn aufopfernd, doch so rührend sie oft und oft Freunden beigestanden, so mutig sie ihren eigenen Krankheiten mit Selbstbeherrschung entgegengetreten war, so herzlos erschien sie zuweilen. Charlottes Nichte, Amalie von Imhoff: »Ein alter Kammerdiener, Schach, war Faktotum im Haus; er begleitete seine Herrschaft auch auf der Promenade, wo er den von Podagra gequälten Gebieter führte. Einst bei der Heimkehr hörte die auf der Treppe vorausschreitende Hausfrau einen schweren Fall hinter sich; sie kannte die Gebrechlichkeit ihres Mannes, und, ohne sich umzukehren, mit dem Daumen rückwärts deutend, ruft sie: ›Schach! Heb' er da mal auf!‹« Auch mit dem siechen, an Knochenkrebs leidenden Ernst von Stein war sie befremdlich wenig mütterlich umgegangen. Von ihren Kuren schloß sie ihn aus, als sie ihn dann doch endlich nach Karlsbad mitnahm, starb er 1787 auf der Reise. In einem Brief, in dem sie von seinem Tod sprach, erzählte sie zugleich von ihren vergnüglichen Zerstreuungen der Badereise. Fritz und Karl von Stein erfuhren erst Wochen später vom Tod ihres Bruders und das nicht von ihr. Fritz von Stein war ihr Liebling, Karl von Stein dagegen, der nach des Vaters Tod das Kochberger Gut übernahm, behandelte sie weit weniger pfleglich. An ihm ließ Charlotte von Stein ihre Tadelsucht aus. Er erzählt: »Ich habe meiner Frau einen Schreibtisch gekauft und da findet sie, ich hätte lieber sollen eine eichene Stubentür machen lassen, die wir doch nicht brauchen. Ich habe ganze Schüsseln voll selbstgezogener Melonen beinahe täglich auf den Tisch gebracht, und sie hat immer geklagt, daß ich keine Pfirsiche nicht hätte. Meine Spargel hatten nicht süß geschmeckt, meine neue Obstdarre war nicht recht, mein Ofen nicht, meine Milchwirtschaft nicht. Ich habe Pfirsiche angelegt, habe 300 fortgekommene gestopfte Bäumchen und habe nun wieder den ganzen Garten voll Kirschbäumen, lasse immerfort welche vermehren und gebe mir alle Mühe, und siehe da, nun taugt meine Obstwirtschaft nicht. Und das geht in allen Dingen, ja den kleinsten so, die ich nur unternehme.« Tadelsucht, Selbstgefälligkeit, Überheblichkeit, Rechthaberei. Mit ihr war oft nicht zu reden. Noch einmal Karl von Stein: »Weil sie nicht disputiert, sondern gleich beleidigend wird, indem sie nicht meine Meinung, sondern meinen Verstand attackiert, daß er sich auf solche Meinung verschnappt.« Sie hatte an vielem vieles auszusetzen. Die zwei Seelenseiten der Charlotte von Stein. Und auch Goethe bekam sein Teil.

Charlotte: »Ich glaube mein Herz versteinert nach und nach; ich fühle wie mir der Ausdruck immer mehr und mehr versagt, Liebe und Wohlwollen zu erkennen, zu geben.« Keine Zettelchen mehr, keine Briefe. Nach dem Bruch das Schweigen. »Die schönen Geister trocknen einem das Leben aus.« Eine Versöhnung mit dem »ehemaligen Freund«, wie sie Goethe fortan meist nannte, schlug sie aus. Für die »arme Seele«, die ihre Trennung nie verwand, besonders mißlich: an ihrem Geburtstag, ausgerechnet, die Geburt August von Goethes am ersten Weihnachtstag 1789. Für Goethe hatte sie lange kein freundliches Wort mehr. Sie wichen sich aus, so gut das im kleinen Weimar ging. »Ich hatte ihn seit ein paar Monaten nicht gesehen. Er war entsetzlich dick, mit kurzen Armen, die er ganz gestreckt in beide Hosentaschen hielt.« Gut essen, gut trinken, gut schlafen. Sein häusliches Leben zeigte Wirkung. »Sein Gang ist überaus langsam, sein Bauch nach unten so hervorstehend wie der einer hochschwangeren Frau, sein Kinn ganz an den Hals herangezogen, von einer Wassersuppe dichte umgeben, seine Backen dick, sein Mund in halber Mondform, seine Augen allein noch gen Himmel gerichtet, sein Hut aber noch mehr und sein ganzer Ausdruck eine Art von selbstzufriedener Gleichgültigkeit, ohne eigentlich froh auszusehen. Er dauert mich, der schöne Mann, der so edel in dem Ausdrucke seines Körpers war.« Der »dicke Geheimrat« dagegen blieb gelassen, freute sich an der Vulpius. So »mein Mädchen treu ist, mein Kind lebt, mein großer Ofen gut heizt, so hab' ich vorerst nichts weiter zu wünschen.« Charlotte von Stein ließ nur wenig Gelegenheiten aus, über Goethe zu lästern, doch auch dies war Charlotte von Stein: Neben ihrem beständigen Nörgeln zeigte sie Hochherzigkeit. Goethes Liebesverhältnis verachtete sie, August von Goethe aber war sie herzlich zugetan, mehr als einst ihren eigenen Kindern. »Das ist gewiß, daß ich seinen August recht lieb habe. Er ist so possierlich und gescheit, daß ich ganze Tage mit ihm spielen könnte.« Er besuchte sie, sie machte Geschenke, kümmerte sich um ihn. Ihr altes Vertrauensverhältnis zu Goethe stellte sich dennoch nie wieder ein.

Neunte Stufe: Abstand. Die Jahre vergingen, ihre Eifersucht kühlte ab, ohne je ganz zu verlöschen, bis ihr gelang, sich zu überwinden. Sie sprach wieder mit Goethe, wenigstens in Gesellschaft, selbst Briefe wurden wieder an den »guten Geheimrat« geschrieben, die sie mit »ihre alte Freundin Stein« unterzeichnete. Ihre Verletzung vernarbte, wenngleich sie weiter schmerzte. Charlotte von Stein vergaß nicht, aber sie erinnerte sich auch langsam wieder der guten Tage, die sie mit Goethe ehdem hatte. Altersmilde. Zumindest in ihren Briefen an ihn. Sonst nicht. Zu spitz ihre Zunge. Die Zeit heilte ihre Seelenwunden, ihre Körperplagen aber waren ihr geblieben. Kopfschmerzen, Augenschmerzen, die Zähne vor allem, ihr Gehör ließ nach, bei jedem Wetterwechsel Beschwerden bis zur Unerträglichkeit, und dennoch hielt sie ihnen stand. Der Gedanke an ihren Tod begleitete sie durchs Leben. Charlotte von Stein, fast ein Vierteljahrhundert bevor sie starb:»Der Tod hat mir gar nichts Unangenehmes als nur der Ort, wo man hingesetzt wird. Könnte ich in meinem Kabinettchen liegen bleiben, so wäre mir weiter nichts Unholdes in dieser Vorstellung.« Charlotte von Stein starb noch lange nicht. Dreiundvierzig war sie gewesen, als Goethe nach Italien ging, einundvierzig Jahre lagen da noch vor ihr, und das Leben hielt noch viel für sie bereit. Sie wurde Großmutter, was ihr gefiel, sie nahm am Weimarer Leben teil, selbst Goethe besuchte sie wieder. Die alten Gefühle für ihn aber kamen nicht mehr auf, nur die Wehmut blieb. »Ich sitze vor dem Schreibtisch, wo sich manche gute Freunde auf die Platte schrieben, unter andern Goethe anno 75 und anno 80 noch einmal mit dem Zusatz: ›Ebenderselbe‹.« Wirklich herzlich wurde sie bei ihm nur, wenn er schwer erkrankte. »Da alles um mich herum stirbt, so wird mir's Angst für alles, was mir lieb ist.« Der Tod ging um in Weimar.

1806: Schlacht bei Jena und Auerstedt. Weimar unter Beschuß. Eine Kanonenkugel wurde am Gasthaus »Zum weißen Schwan« gleich neben Goethes Haus am Frauenplan zum Gedenken eingemauert. Plünderungen, Besetzung durch Napoleons Truppen. Im Würgegriff des Krieges zeigte Charlotte von Stein eine weitere Tugend: Tapferkeit bei Schicksalsschlägen. Sie nahm den verletzten General von Schmettau bei sich auf, den sie versteckte. Das Angebot, sich wie die meisten ins Schloß zu flüchten, lehnte sie ab. Sie pflegte den Verletzten. Nachts drangen Franzosen in ihre Wohnung an der Ackerwand ein, forderten Essen, Trinken, Geld. Anderntags kehrten die Plünderer zurück. Kisten, Schränke, Vorratskammer räumten sie aus. Charlotte von Stein lief um Hilfe. Ihrer inständigen Bitte, ihr, der Adelsdame, eine Schutzwache zu stellen, wurde stattgegeben, die Plünderer wurden vertrieben, Schmettau im letzten Augenblick gerettet, der sich mit ihr zu Fuß fortschleppte. »Ich bin rein ausgeplündert, so wie die meisten Einwohner von Weimar.« Schillers Witwe hatte wenig verloren, Goethe gar nichts.

»Und während der Plünderung hat er sich mit seiner Mätresse öffentlich in der Kirche trauen lassen.« Charlotte von Stein hatte nichts mehr, nicht einmal ein Tuch, um sich gegen die Herbstkälte zu schützen. »Ich hab kein Strumpf, kein Hand-, kein Schnupftuch, verschiedene Tage nicht zu essen gehabt, alles mein Silber, alles von Wert, meine sämtlichen Kleider, Schätze, genug, alles ist geraubt, meine Türen zerschlagen, Fenster, Schränke, alles zerstört.« Weimar war verwüstet. Wochen später zog Charlotte von Stein ihren Strich unter die Rechnung. »Heute an meinem vierundsechzigsten Geburtstag ist mir's ein besonderes Gefühl, von allem, was ich für mich und meine Kinder so vierzig Jahre her durch Sparsamkeit und Ordnung gesammelt hatte, nichts mehr zu haben.« Und doch behielt sie Haltung. Henriette von Knebel: »Frau von Stein steht ihre Armut ganz gut. Wie wenige Menschen bleiben doch im Unglück graziös.« Weimar erholte sich auf Jahre nicht. Kaum besser stand es in Kochberg. Karl von Stein: »Während ich Möhrenkaffee trinke ohne Zucker und Brot dazu esse statt Semmel und zu Fuß laufe aus Mangel an Pferden und Geld, erzeigen mir alle Leute die Ehre, sich in meine Arme zu werfen, wenn sie Geld brauchen.«

Letzte Stufe: Einsamkeit. Schiller, mit dem sich Charlotte von Stein gut verstanden hatte, war längst gestorben, Anna Amalia folgte ihm, dann Luise von Göchhausen, die neben Charlotte von Stein als Hofdame der Herzoginwitwe Gesellschaft zu leisten hatte. Der Weimarer »Musenhof«, den die alte Herzogin um sich geschart hatte, starb langsam aus. Weimar war fast nur noch Goethe, der als Berühmtheit Besuch auf Besuch erhielt. Der Goethebesichtigungen kein Ende. Die Ansichten der Stein zu ihm wechselten von mal spöttisch zu mal freundlich: »Es ist doch noch immer ein Flämmchen, das auf dem Ihnen errichteten Altar lodert.« Für sein Schöntun mit dem von ihr gehaßten Napoleon, von dem Goethe empfangen wurde, hatte sie hingegen gar kein Verständnis. »Ich habe Goethe nicht in so gnädiger Laune gesehen wie damals.

Was doch ein bißchen Weihrauch nicht tut!« Überhaupt stieß sie sich an Goethes »Meistergebaren« seiner fortschreitenden Jahre. Seine »dickere Hälfte« zumindest nahm sie nun doch wenigstens halbwegs hin. »Angenehm ist es mir freilich nicht, in der Gesellschaft zu sein. Indessen da er das Kreatürchen sehr liebt, kann ich's ihm wohl einmal zu Gefallen tun, denn überhaupt geh' ich abends selten aus und sitze hinter der Lampe mit einem Buch gern in Ruh.« Selbst die ihr so nötigen Kuren wurden ihr lästig. »Ich bin recht müde und lebensmatt und kann mir gar keine angenehme Vorstellung mehr von der Welt machen. Ungern habe ich in Weimar meine Wohnung verlassen, wo vor meinem Haus die Orangenbäume in voller Blüte standen, als ich fortging, aber ich mußte mir wieder Stärke zum Lebensgenuß holen.«

Ihre Stärke war weiter gefragt, denn noch waren die Franzosenkriege nicht vorbei. Nach ihrer Niederlage vor Moskau flutete die geschlagene französische Armee auch über Weimar zurück, verfolgt von Preußen, Österreichern, Russen. 1813: ein weiteres Unglücksjahr. »Die Weimaraner sehen schon die ganze Stadt in Flammen stehen. Ich bin schon so geplündert, daß ich nicht viel von Wert habe.« Was sie hatte, verlor sie trotzdem. Ihr Keller wurde ausgeraubt. »Die armen Soldaten fanden hier nichts zu essen und mußten aus Not zugreifen. Ich habe auch kein Brot und meine Leute nicht einen Bissen. Mich hungert nicht.« Napoleon war ihr verhaßt, seine geschundenen Soldaten aber hatten ihr Mitleid. Was aufzutreiben war, trieb sie für sie auf. »Ich habe beständig einen großen Topf stehen für die unglücklichen Franzosen, die verlassen und entblößt in den Häusern betteln und wie die Gespenster aussehen.« Selbst nach einem Kosakenüberfall auf Kochberg verlor sie ihren gesunden Witz nicht. »Ich sitze immer zu Haus, weil ich keine Schuh habe, und da alle Schuhmacher bloß für die Soldaten arbeiten müssen, kann ich auch keine gemacht kriegen. Ich kam vom Schloß, zog meine dicken ledernen Schuhe aus; meine distraite Jungfer nimmt sie wider meinen Willen mit zur Tür hinaus, um sie rein zu machen, und fort waren sie.« Alles verloren und doch nicht, denn keine war in Weimar angesehen wie sie. Grande Dame. Bei ihrem Geburtstag quollen die Zimmer des Hauses an der Ackerwand über von Gästen und Geschenken, obwohl alle wenig hatten. Aus Kochberg kam eine Torte, eine fette Gans und ein Truthahn, Goethe brachte Gänseleberpastete und Hecht mit Gelee.

Das Alter griff dennoch nach ihr mit Macht. Der Hof, dem sie so lang angehört hatte, rückte für sie in die Ferne. Am liebsten plauderte sie vor ihrem Haus mit Besuchern oder lud zum Tee. »Dann saß sie alt, schweigsam, freundlich hinter einem grünen Lampenschirm, irgendein Werk Goethes vor sich.« Kochberg sah sie nur noch selten wieder, ihre Gesundheit ließ weiter nach. Charlotte von Stein verlöschte Jahr für Jahr mehr, und dann das Ende. Der Todesbericht ihres guten Freundes Carl Ludwig von Knebel aus dem Haus an der Ackerwand: »Unsere arme Freundin v. Stein glich immer einem schwachen Flämmchen, das jeder Windstoß zu erlöschen drohte und das in den letzten Jahren nur durch ärztliche Kunst beim Glimmen erhalten wurde. Jetzt neigt es sich zum Ende. Aber, Gott sei Dank! nach vielen und namenlosen Leiden wird nun ein sanfter Schlummer sie zu jenem längeren Schlaf hinüberführen. Sie kannte gestern abend niemand mehr, doch war's ein Trost, daß man sah: Sie war schmerzfrei und ruhig in sich. Aufrecht sitzend und den Kopf vorwärts geneigt, sah ich sie gestern zum letztenmal, und ihre leisen Atemzüge waren mir eine Beruhigung, da sie nicht auf Beängstigung deuteten. So sitzt sie noch immer unverändert und der letzte Hauch ist nicht fern.« Er kam am 6. Januar 1827. Als Knebel von ihrem Tod erfuhr, zeigte er seine Erschütterung. »Es ist doch niederträchtig von mir altem achtzigjährigen Kerl, daß ich heulen muß wie ein altes Weib!« Goethe dagegen verbarg seine Trauer. »Das griff ihn, ob er schon kein Wort darüber sprach, doch auch sehr an.« Der letzte Wunsch der Charlotte von Stein hatte ihm gegolten. Sie hatte ersucht, daß ihr Sarg nicht an Goethes Haus vorbeigetragen werde, weil sie wußte, wie sehr ihm alles, was den Tod betraf, zuwider war. Ihr Wunsch wurde nicht erfüllt. Am Nachmittag des 9. Januar 1827 ging der Trauerzug über den Frauenplan. Vierundachtzig Jahre war sie alt geworden.

Portrait einer Vergessenen

Noch einmal ein Blatt Papier, noch einmal Goethes Skizze einer Schlafenden. Gezeichnet am 19. Juli 1777 in seinem Garten im Park an der Ilm. Ihr Name: Corona Schröter. Und wieder nur wenige Schritte: von Goethes Gartenhaus zum Marktplatz. Marktplatz 5: Corona Schröters Wohnung. Nur wenig erinnert mehr an sie. Ein Abguß ihrer Hand hat sich erhalten, Portraits, einige wenige Briefe, einige wenige Gedichtzeilen Goethes auf sie, einige ihrer Kompositionen. Alles sonst ist verloren. Und doch: neben Charlotte von Stein war keine in Goethes Weimarer Jahren bis zu seinem heimlichen Verschwinden nach Italien ihm so wichtig geworden wie sie. Der Weimarer Hof hatte eine schauspielbegabte Sängerin von Rang für schwierige Gesangsstücke gesucht, die von den Sängerinnen der Hofkapelle nicht zu bewältigen waren, und Corona Schröter hatte das Weimarer Angebot angenommen. Am 16. November 1776 war sie angereist – mitten hinein in ein Wespennest.

»Ich bin und bleibe nun einmal der Frauen Günstling.« Käthchen Schönkopf, Friederike Brion, Charlotte Buff, Lili Schönemann, Christiane Vulpius, Wilhelmine Herzlieb, Bettine Brentano, Marianne von Willemer, Ulrike von Levetzow, allen voran

Charlotte von Stein, selbst ein Verhältnis Goethes mit Anna Amalia wird vermutet: Goethes Lieben, Liebeleien, Liebschaften. Corona Schröter aber fehlt nahezu immer. In den Lebensbeschreibungen Johann Wolfgang von Goethes taucht sie kaum auf. Ein Satz oder zwei, selten ein Abschnitt. Corona Schröter eine Randbemerkung, und doch war sie eine Berühmtheit ihrer Zeit. Sie zeichnete, stellte ihre Bilder erfolgreich aus, unterrichtete Musik, veröffentlichte ihre Kompositionen, ging auf Konzertreisen, die sie bis England führten. Bewunderte Goethe sie nur als eine der angesehensten Sängerinnen? Schätzte er sie nur als Schauspielerin am Weimarer Hof? War er ihr Freund? Ihre Liebschaft? Ihr Geliebter? Die Erinnerungen an ihr Leben, die Corona Schröter selbst verfaßt hatte, gab sie Goethe zur Beurteilung. Seitdem sind sie verschwunden. Fest steht: Goethe und die Schröter waren sich nahegekommen. Zu nahe für Charlotte von Stein. Goethes Abenteuer – seine »Misels« – befremdeten sie, doch bei ihnen war sie sich seiner sicher. Bei Corona Schröter aber war Charlotte von Stein von Anfang an verstimmt bis hin zu offenem Streit. Corona Elisabeth Wilhelmine Schröter, getauft am 19. Januar 1751 in Guben, gestorben am 23. August 1802 in Ilmenau nahe Weimar. Dies ist ihre Geschichte.

Corona Schröter war mit Musik aufgewachsen. Die Mutter stammte aus einer Schuhmacher- und Lohgerberfamilie, der Vater, Sohn eines Zinngießers, war »Königlich Polnischer und Kurfürstlich Sächsischer beim löblichen Graf Brühlschen Regiment bestallter Hautboist«. 1756 zog die Familie nach Warschau, Corona Schröter war fünf Jahre alt. Sie lernte Polnisch, Englisch, Französisch, Italienisch. Für das Zeichnen war sie begabt, später lernte sie Flöte, Laute, Klavier, Gitarre und Zither. Corona Schröter sang ausnehmend gut. Und: Sie galt als überaus schön. Ihr ehrgeiziger Vater unterrichtete sie, aber er verdarb durch zu frühes und zu häufiges Üben ihre Stimme für die oberen Lagen, die sie nur mühsam bewältigte. Doch sie konnte den Fehler verbergen – zunächst wenigstens. Der Vater, von dem noch sechs Duette für Violine und Violoncello bekannt sind, komponierte, er wirkte als Musikmeister, ging auf Konzertreisen und richtete selbst Konzerte aus. Er brachte seinen Kindern Johann Heinrich, Johann Samuel, Marie Henriette und Corona Schröter die Musik bei, denn Wunderkinder waren gefragt. Sie bedeuteten ein Auskommen. Johann Heinrich, bei dessen Geburt die Mutter gestorben war, trat schon mit sieben mit der Violine auf, doch weitaus bekannter sollte der Bruder Johann Samuel werden, der zum Klavierlehrer der englischen Königin aufstieg. Er wurde der gefeiertste Pianist der Insel. Im Winter 1763 auf 1764 aber war das noch fern.

Um die Begabung seiner Kinder zu Geld zu machen, reiste Johann Friedrich Schröter mit seiner Familie nach Leipzig. Leipzig war galant, lebensfroh, die Musikstadt Bachs, die Theaterstadt der Neuberin, und die Rechnung ging auf. Corona Schröter trat im »Großen Konzerte der Kaufleute« auf, das später in »Gewandhauskonzerte« umbenannt wurde, erste Verehrer drechselten erste Gedichte auf sie, und Johann Wolfgang Goethe, der sich im Jahr ihres ersten Konzerts in Leipzig für die Rechtswissenschaften einschrieb, lieferte für ihre Bewunderer Verse. Auch der sechzehnjährige Goethe war von den Konzerten der zwei Jahre Jüngeren angetan. Goethe und Corona Schröter hatten den gleichen Zeichenlehrer, bei dem sie sich häufig trafen, und sie spielten gemeinsam Theater, doch Goethes Liebelei in Leipzig hieß nicht Corona Schröter, sondern Käthchen Schönkopf.

»In ihrer ganzen Erscheinung war Corona von hohem, junonischen Wuchse und edelstem Ebenmaße mit einem fast südländischen, etwas dunklen Teint, einem Adel der Haltung und einer Grazie der Bewegung, daß ihr Auftreten geradezu bestrickte, kurz, sie war eine Schönheit.« Von 1766 an sang die Schröter das Große Konzert regelmäßig im Wechsel mit Gertrud Elisabeth Schmeling, nach ihrem Mann »La Mara« genannt. Sie wurde ihre große Rivalin, mit der sich ein Wettstreit entspann, der das musikalische Leipzig spaltete. Die Mara sang besser,

Corona Schröter,
Pastell von Louise Seidler

doch Corona Schröter war die weitaus Schönere. Johann Wolfgang Goethe bestaunte beide – die Mara und die Schröter. »Die Waagschalen des Beifalls standen für beide gleich.« Erst als La Mara von Friedrich dem Großen für ein Vermögen als Hofsängerin angenommen worden war, obwohl der einst gesagt hatte, er wolle sich lieber von seinem Pferd etwas vorwiehern lassen als einer deutschen Primadonna zuzuhören, gehörte Leipzig ganz der Schröter. Bewunderer hatte sie zuhauf, doch Corona Schröter verbat sich alle Zudringlichkeiten höflich, aber bestimmt. Sie war vornehm zurückhaltend darauf bedacht, nicht wie so viele von der Bühne als leichtes Mädchen zu gelten, um nicht jedwede Aussicht auf eine Anstellung an einem der vielen nach außen sittsamen Höfe zu zerstören, auf die sie angewiesen war, sobald ihre Stimme nicht mehr für die großen Konzertbühnen taugen würde. Ein bloßes Verhältnis hätte ihr gesellschaftliche Ächtung eingebracht. Sie wäre ausgeschlossen, gemieden und geschmäht worden, und trotzdem: Für einen setzte sie alles aufs Spiel. Ein Graf. Sein Name: unbekannt. Beider Flucht aber wurde vereitelt, und die aufgeflogene Entführung Corona Schröters sorgte für helle Aufregung. Die hehre, edle, hohe, reine Jungfrau, als die sie geschildert wurde, war Corona Schröter nicht, doch von nun an hütete sie sich noch mehr als bisher vor übler Nachrede. Alle ihre späteren Lieben hielt sie möglichst verborgen. Auch die zu Goethe?

Wenige Wochen nach der gescheiterten Entführung erreichte sie das Angebot, an den herzoglichen Hof nach Weimar zu

Herzog Carl August von
Sachsen-Weimar-Eisenach

kommen. 400 Taler Jahresgehalt lebenslang wurden ihr in die Hand versprochen, dasselbe, was sie in Leipzig beim Großen Konzert verdiente. Das Anerbieten kam für sie nach der geplatzten Flucht zum richtigen Zeitpunkt, und das war kein Zufall. Den Vorschlag, sie zu holen, machte Johann Wolfgang Goethe, der von ihrer bedrängten Lage wußte. Er reiste zu ihr nach Leipzig und besuchte sie am 25. März 1776, um ihr noch am selben Abend vorzuschlagen, Weimarer Kammersängerin zu werden. »Ich bin bei der Schröter – ein edel Geschöpf.« Noch in der Nacht schrieb er ganz nach seiner Gewohnheit, wenn auch vorsichtig an Charlotte von Stein: »Die Schröter ist ein Engel – wenn mir doch Gott so ein Weib bescheren wollte, dass ich euch könnt in Frieden lassen – Doch sie sieht Dir nicht ähnlich genug.« Deutlicher wurde Goethe gegenüber dem Herzog, dem er ebenfalls noch in derselben Nacht schrieb. Er sei, so Goethe, nicht ganz bei Sinnen, oder besser bei zuviel Sinnen. Den Brief, in dem er Grüße Corona Schröters an den Herzog ausrichtete, schloß Goethe bei Sonnenaufgang: »Bleibe das wahre Detail zur Rückkunft schuldig.« Worin das wahre Detail bestand, ist unbekannt, Goethe jedoch suchte Corona Schröter gleich wieder auf und ließ sie den großen Monolog aus seiner *Stella* vorsprechen. Ausgerechnet *Stella*, das in Goethes erster Fassung damit endet, daß Fernando, Cäcilie und Stella eine Wohnung, ein Bett teilen. Ein Mann, zwei Frauen. Dreiecksverhältnis. Jedenfalls: Goethe war begeistert. An Charlotte von Stein: »Ich habe heute viel gelitten, aber auch einen Moment! – O ich will nichts davon schreiben.« Was Goethe nicht schrieb, verstand Charlotte von Stein dennoch recht gut. Sie antwortete ihm rasch und eifersüchtig, denn sie witterte eine ernste Gefahr für sich und beider Zuneigung, nachdem Corona Schröter zugesichert hatte, nach Weimar zu kommen.

Zuerst hatte sie gezögert, dann aber doch Goethes Angebot wahrgenommen, denn nicht allein der Leipziger Entführungsskandal legte eine Abreise nahe. Sie wußte, lange würde sie sich nicht mehr auf der großen Gesangsbühne halten können, und längst hatte sie Vorbereitungen getroffen, ein Auskommen an einem Hof zu finden. Zu sehr hatte ihre Stimme bereits nachgelassen. Den frühen Schaden vermochte sie nicht mehr zu verdecken.»Allein ungeachtet sie nur selbst einige zwanzig ist, hat sie doch fast gänzlich ihre Stimme verloren. Sie spielt sehr schön Klavier und bläst ganz allerliebst die Flöte und würde eine unserer ersten Schauspielerinnen sein, wenn sie sich entschließen könnte, aufs Theater zu gehen.« Sie konnte, und gleichwohl das von der Herzoginmutter Anna Amalia vorangetriebene Weimarer Theater nur eine bescheidene Liebhaberbühne war, hielt sie für Corona Schröter Ungeahntes bereit: den Abend des 6. April 1779 im einstigen Redoutensaal Weimars, der nahe dem Wittumspalais lag. Leipzig: das Klein-Paris, das seine Leute bildet. Weimar:»Alles unglaublich eng und klein!« Weimar war keine heile Welt, Weimar war ein Hof wie viele. Der bloß heimelige Musenhof ist nichts als eine Sage. Die Verbesserung der Verwaltung, die begonnenen Prachtbauten, das Hofleben mit Tanz, Maskenbällen, Konzerten waren teuer. Oben Adel und reiche Bürgerliche, unten niederes Volk und einfache Bürger, und zwischen ihnen Gärung, Gereiztheiten, Streit und ein offener Aufstand, dem das Stadtschloß zum Opfer fiel.

Bald nach der Herzogin Ankunft war eine wandernde Schauspieltruppe für stattliches Geld geholt, dann ein stehendes Hoftheater eingerichtet worden, das sich nicht hielt. Dem Hof ging das Geld aus. Ein Jahrzehnt ohne Bühne folgte, dann, wenige Jahre vor Goethes Ankunft, wurden abermals Schauspieltruppen für Weimar eingekauft. Waren bislang nur leichte Operetten oder Singspiele aufgeführt worden, so standen nun Lessing, Diderot, Molière oder Wieland auf dem Spielplan. Das Geld für die Ausstattung des Theaters aber fehlte der Ausstattung Weimars. Als für den Bau eines Geburtshauses, das vielen Rückständigen noch dazu als unschicklich galt, ein »Hebammengroschen« erhoben wurde, brachen bürgerkriegsgleiche Unruhen aus. Am 6. Mai 1774 brannte das Stadtschloß mitsamt dem Theatersaal nieder. Und so spielte wie häufig an kleinen Rokokohöfen mit ihren Salons und Heckentheatern der Hof fortan selbst. Operetten wurden versucht und Lustspiele, Anna Amalia komponierte, ihr Kammerherr, Friedrich von Einsiedel, schrieb Komödien und kleine Trauerspiele, für schwierige männliche Hauptrollen wurden ab und an Berufsschauspieler engagiert, der Hoftischler Mieding baute die Kulissen, Friedrich Justin Bertuch verwaltete die Kasse. Die Hofkapelle und deren Sängerinnen, die Bürgerlichen und Adeligen Weimars, die für das Theater Lust und Begabung zeigten, wirkten bei den Aufführungen im Redoutensaal des Hauptmannschen Hauses an der Esplanade, auf Schloß Ettersburg oder auf der Naturbühne im Landschaftspark des Schlosses Tiefurt mit, und auch Goethe lieferte ein ums andere der Stücke, für die Corona Schröter geholt worden war.

Noch in der Nacht ihrer Ankunft im November 1776 besuchte Goethe Corona Schröter, die zunächst bei Friedrich Justin Bertuch eingezogen war. »Nachts Crone« trug er in sein Tagebuch ein. Am 24. November gab Corona Schröter ihr Debüt als Sängerin in Weimar, am 27. Dezember tanzte sie erstmals auf einem Ball. Goethe: »Crone sehr schön.« Weimar war entzückt, und Goethe war entflammt trotz der Zuneigung zu Charlotte von Stein. Sein Tagebuch: »Nicht geschlafen, Herzklopfen und fliegende Hitze.« »Abends mit Cronen.« »Zu Cronen, nachts, fieberhaft.« »Bis zehn Uhr bei Cronen.« »Die Schröter kommt zu Mittage.« »Crone den ganzen Tag im Garten.« »Crone früh und

Das Weimarer Hoftheater zur Zeit Goethes, Aquarell von Peter Woltze
© *akg*

zu Tisch da.« Der Streit mit Charlotte von Stein ließ nicht auf sich warten. Nach einem Mittagessen bei ihr brach er aus. Goethe hatte Corona mitgebracht. Ein Fehler. Wenige Tage darauf, am 15. Januar 1777, vermerkt das Tagebuch:»Neuer Streit mit Charlotte.« Die Gerüchte brodelten: Die Schröter – Goethes Geliebte. Die Stein – eifersüchtig. Corona Schröter besuchte ihn, manchmal mehrmals am Tag, sie gingen miteinander spazieren, liefen zusammen auf dem Eis, ritten gemeinsam aus. War Charlotte von Stein auf ihrem Gut Kochberg oder auf Reisen, sah Goethe Corona Schröter häufiger als sonst. Mal zeichnete er die Stein, mal besuchte er die Schröter, mal fuhr er mit der einen aus, mal traf er sich mit der anderen. Zwei Frauen – keine wirkliche Geliebte. Goethe versuchte sich abzulenken.»Nachts gebadet.«»Abends Schwimmwams probiert.«»Körperliche Übungen allerlei Art.« Beide noch einmal zusammenzubringen vermied er, Versuche, beide auszusöhnen, scheiterten.

Zugleich lauerte neue Mißstimmung und neues Gerede: Bertuch, Verwalter der herzoglichen Schatulle, spiele für den Herzog den Kuppler, die Schröter – des Herzogs Geliebte. Herzog Carl August bedrängte die Sängerin. Er besuchte sie täglich. Wieder Streit. Diesmal zwischen dem Herzog und Goethe.»Abends nach dem Konzert eine radikale Erklärung mit Herzog Carl August über Crone. Meine Vermutungen von bisher teils bestätigt, teils vernichtet.« Bestätigt hatte sich seine Vermutung, daß der Herzog ihr nachstieg, vernichtet war seine Vermutung, daß er Erfolg gehabt hatte. Sie hatte den Herzog zurückgewie-

Ansicht Weimars um 1800, kolorierter Stahlstich

sen. Seine Mätresse wollte sie nicht werden. Carl August fand sie daher marmorschön, doch marmorkalt, wie er sagte. Für Goethe jedoch war die Lage heikel. Der Vorfall mit dem Herzog wurde ein erster Einschnitt im engen Verhältnis zwischen ihm und Corona Schröter, weil ihm klar geworden war, daß ihm Weimar, sein Amt, der Herzog, die Stein wichtiger waren als Corona Schröter. Der 6. April 1779 indes stand beiden noch bevor, denn für den Hof war ein Meilenstein der Theatergeschichte entstanden: *Iphigenie auf Tauris*. Hauptrolle: Corona Schröter.

Nüchterne Daten eines prägenden Stücks: Seit dem Frühjahr 1776, als Goethe zu Corona Schröter nach Leipzig gereist war, hatte er sich mit Iphigenie beschäftigt. Ob Goethe beim Schreiben Charlotte von Stein oder Corona Schröter als Iphigenie vor Augen stand, ist umstritten. Wahrscheinlich beide. Mit der Niederschrift hatte er am 14. Februar 1779 begonnen. Bereits am 14. März fing mit der Abschrift der Rollen die Vorbereitung der Aufführung durch das Weimarer Liebhabertheater an, die Proben wurden anberaumt, am 19. März schrieb Goethe den vierten Akt auf dem Schwalbenstein nahe Ilmenau und am 28. März 1779 beendete er die Prosafassung der *Iphigenie*. Ihre Uraufführung am Tag nach Ostermontag gilt als Höhepunkt von Corona Schröters Weimarer Bühnenzeit, und *Iphigenie auf Tauris* als Inbegriff der frühen Weimarer Klassik. Der Maler Georg Melchior Kraus hielt eine Szene daraus in Öl auf Leinwand fest: Goethe als Orest, Corona Schröter als Iphigenie.

Ihre Wirkung auf die damaligen Zuschauer war überwältigend. Für ihr Kleid, das Corona Schröter in der Rolle der Iphigenie statt des üblichen Reifrocks trug, verbuchte die herzogliche Schatulle 36 Taler für 30 Ellen weiße Leinwand, elf Ellen weißen Tafts und 50 ½ Ellen weißen Milchflors. An dieses griechische Kostüm lehnte Corona Schröter danach auch ihre Alltagskleider an. Johann Wolfgang Goethe allerdings war mit seinem Stück nicht zufrieden. Jahre später schuf er auf seiner italienischen Reise aus der Prosafassung die weitaus bekanntere Versfassung. Die Aufführung selbst hingegen hatte ihm gefallen, und noch Jahre nach Corona Schröters Tod antwortete Goethe auf die Frage, ob er denn nicht mehr Stücke in dieser Art schreiben wolle: könnten ihm fünfunddreißig Jahre und die Liebe zu Corona Schröter wiedergegeben werden, so könne auch von einer neuen *Iphigenie* die Rede sein.

»Die, welche sie in dieser Rolle gesehen, sprechen noch immer mit Entzücken von ihrer Darstellung. Auch in den leichtern und munteren Gattungen, in den Waldkomödien zu Ettersburg, wo der Wald das Theater, ein hohler Baum den Souffleurkasten, und die Gesträuche die Kulissen vorstellten, behauptete sich ihr Verdienst. Hier wurde unter Goethes Direktion oft an demselben Tage, wenn der Hof herauskam, ein Stück angesagt, eingelernt und aufgeführt. Ein Arlekin, eine Art lustiger Bauer und Baßgeiger, ging im Dorf herum, um die Honoratioren desselben dazu einzuladen. Eins von diesen fröhlichen Produkten, die man zu Ettersburg im Walde, oder auch im Schloß gab, die *Vögel* des Aristophanes, sind auch im Druck erschienen. *Die Zigeuner* waren ein anderes Stück, wo der Stoff an sich schon den Wald zur Bedingung machte.« In Goethes *Die Mitschuldigen, Lila, Erwin und Elmire, Proserpina, Der Triumph der Empfindsamkeit, Das Jahrmarktsfest zu Plundersweiler* hatte Corona Schröter beeindruckt, und sie beeindruckte weiter, doch sooft sie auch miteinander probten, sich trafen, gemeinsam auf der Bühne standen – Goethes Leidenschaft für Corona Schröter erkaltete.

Beider Zuneigung stand vor dem Aus. Der durch den Streit mit dem Herzog aufgebrochene Spalt zwischen Corona Schröter und Goethe war zur Kluft geworden, die er nicht mehr überbrückte, und bald schon bezeichnete er Corona Schröter in seinen Briefen an die Stein wie seine beliebigen Abenteuer als »Misel«. Am 1. April 1780 dann der entscheidende Eintrag in seinem Tagebuch. Goethe, der Herzog und Corona Schröter hatten den Abend gemeinsam verbracht. »Da wir alle nicht mehr verliebt sind und die Lavaoberfläche verkühlt ist, ging's recht munter und artig, nur in die Ritzen darf man noch nicht visitieren. Da brennt's noch.« Goethe hatte Corona Schröter aufgegeben, der Herzog sich schon im Jahr zuvor von ihr abgewandt. Goethe sandte ihr einen »Scheidebrief«, in dem er ihre Freundschaft beschwor. »Adieu! Mögte doch das so lange schwebende Verhältnis endlich fest werden.« Das Verhältnis wurde fest: es erstarrte. Corona Schröter war zweiunddreißig Jahre alt, ihre Zeit mit Goethe ging zu Ende, doch sie hatte ein Leben nach Goethe wie sie eines vor ihm hatte.

Corona Schröter feierte in Weimar weiter Erfolg auf Erfolg. Sie gab Konzerte, trat in Hasses *Elena* auf, in Händels *Messias*, in Goethes *Die Vögel*, in *Jery und Bätely* und bei der Eröffnung des Tiefurter Hof- und Waldtheaters in *Minervas Geburt*, ein Schattenspiel zu Goethes Geburtstag, nach dessen Aufführung sich Wieland vergnügt zeigte über die Durchsichtigkeit der Gewänder. Ihre Bilder wurden in der »Weimarer Gemäldeausstellung« gezeigt, sie erteilte Schauspielunterricht, lehrte Gesang, schrieb ihre eigene Musik wie die zu Goethes Singspiel *Die Fischerin*, für dessen Aufführung im Tiefurter Schloßpark Corona Schröter seinen *Erlkönig* als Einlage erstmals vertonte. Die Begeisterung des Weimarer Hofs für das Liebhabertheater aber war über die Jahre abgekühlt, und Corona Schröters Bühnenarbeit wurde zusehends weniger. Sie begann sich mehr und mehr vom Weimarer Hof zurückzuziehen. Stille kehrte bei ihr ein, aber nicht Einsamkeit.

Goethe hatte sich entschieden: für die Stein. Corona Schröter hatte sich entschieden: für den Weimarer Kammerherrn Friedrich Hildebrand Freiherr von Einsiedel, der sie seit Jahren

Schlafende Corona Schröter, gezeichnet von J. W. von Goethe

verehrte.»Corona Schröter sang oft und gern in Gesellschaften, wo sie sehr begehrt und in hohen Ehren gehalten wurde. Leichte, heitere Lieder, die sie mit der Gitarre begleitete, gelangen ihr am vorzüglichsten. Sie ging nie ganz nach der Mode, sondern immer eigen gekleidet, nicht auffallend, nicht willkürlich, aber ihr ganz angemessen und wohlstehend, zum schönsten Ausdruck. Sie genoß eines hohen, unangetasteten Rufes. Man wollte insgeheim wissen, daß sie mit Herrn von Einsiedel getraut gewesen. Sie bewohnten beide dasselbe Haus auf dem Markt, sie eine Treppe hoch, er zwei.«

»Ich umarme Dich mit innigster Liebe!! Tausend mal küß ich Dich in Gedanken. C.« Der Freiherr von Einsiedel: eine Liebe, die sie einmal mehr verborgen hielt, so gut das ging. Selbst in ihren Briefen aneinander benutzten sie Geheimzeichen. Ungestört wollten sie sein, weg vom Tratsch des Hofes, dem Corona Schröter dennoch nicht entging. Einerseits wurde ihr Gesang in kleineren Abendgesellschaften gern gehört, anderseits wurde sie als arme, alternde Sängerin belächelt, die ihre Opernmanieren zu sehr ins gesellige Leben hinübergenommen habe. Inwieweit Corona Schröter wirklich eigen geworden war, ob all das Lob in ihrem Künstlerleben nicht spurlos an ihr vorübergegangen ist, oder ob sich der Neid auf sie bei ihrem Rückzug vom Hof nur ungehemmter aussprach, ist nicht zu sagen. Verspottet wurde sie genug, auch von Friedrich Schiller, als er sie zum ersten Mal traf. Er meinte, sie müsse in der Tat dereinst schön gewesen sein, denn all ihre Lebensjahre hätten sie noch nicht

Schröter und Goethe in einer Szene
zu ›Iphigenie auf Tauris‹,
Gemälde von
Georg Melchior Kraus

ganz verwüsten können. Und Schiller war nicht der einzige, der stichelte.

1786 erschien die Sammlung *Fünfundzwanzig Lieder. In Musik gesetzt von Corona Schröter*, 1786 verließ Goethe Weimar. Er hatte seine italienische Reise angetreten, ohne Abschied zu nehmen. Vor allem nicht von Charlotte von Stein, die für Goethe unerreichbare Freundin. Trotzdem er sich von Corona Schröter abgekehrt hatte, ließ Charlotte von Stein auch lange danach an ihr kein gutes Haar. Sie feindete sie an, wo immer das ging, und auch bei Charlotte Schiller hatte die »alte Jungfer« Corona Schröter einen schlechten Stand. Corona Schröters Ausstrahlung, der Reiz, den sie noch immer auf Männer ausübte, und ihre Gesangslaufbahn wurden insgeheim von Weimars Damen beneidet, denn anders als sie brauchte Corona Schröter keinen Mann, um ernährt zu werden. Sie verdiente ihr eigenes Geld. Sie stand auf eigenen Füßen.

Corona Schröters große Zeit aber war vorbei. Der Hof, den sie nun endgültig verlassen hatte, bot ihr keinen Schutz mehr. Sie wurde für jeden angreifbar. Die Kraft, sich zu wehren, hatte sie nicht mehr. »Mein Husten ist noch immer wie er war, eher stärker als schwächer.« Die Jahre des anstrengenden Singens hatten sich gerächt. Die Lunge war angegriffen. Schwindsucht. Ab und an hatte sie noch bei Abendgesellschaften gesungen, ihre zweite Liedsammlung *Gesänge mit Begleitung des Fortepiano* war erschienen, mit der sie sich abermals auf ein Feld begab, das vorzugsweise Männern vorbehalten war, und den-

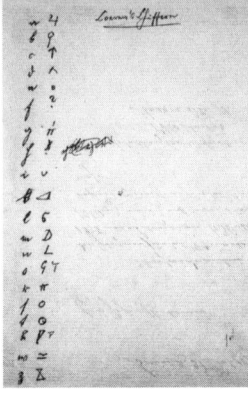

Coronas Chiffren,
Konkordanz in den Briefen
Corona Schröters

noch brachte sie auch diese Sammlung klug an die Käufer. Sie verschwieg, daß sie Lieder in italienischer und französischer Sprache enthielt, die nicht von allen beherrscht wurden, zumal nicht von bürgerlichen Mädchen. Corona Schröter war alles andere als unbedarft einfältig.

Weltgewandt war sie, geistreich, gebildet, bei Herder war sie zu Gast gewesen, sie hatte sich mit Wieland getroffen und mit Schiller Karten gespielt, der mit ihr nach seinem anfänglichen Spott doch noch »auf charmantesten Fuß« gekommen war, sie hatte zu Charlotte von Kalbs engstem Freundeskreis gehört, wo sie Jean Paul traf, doch ihre letzten Jahre waren von der Krankheit überschattet. Immer wieder fuhr sie zur Kur und wohl der besseren Luft wegen nahm sie sich 1801 eine Wohnung in der Ilmenauer Posthalterei. Sie verfiel immer mehr. »Mein Husten ist noch immer beim alten«, schrieb sie an Einsiedel, »die Nächte habe ich mehr Ruh, das ist alles, was ich sagen kann.« Corona Schröter und Friedrich von Einsiedel: Die Glut war erloschen, auch aus dieser Liebe war Corona Schröter nur die Freundschaft geblieben.

Im Jahr darauf schrieb Corona Schröter am 30. Mai 1802 ihren letzten Brief. An der ersten öffentlichen Aufführung der *Iphigenie* am nun doch neugebauten Weimarer Hoftheater hatte sie nicht mehr teilnehmen können. »Demoiselle Corona Schröter starb sanft zu Ilmenau den 23. August 1802 an den Folgen einer auszehrenden Krankheit.« Drei Tage darauf wurde sie auf dem Ilmenauer Friedhof bestattet. Ihr Grab ist dort noch immer. Aus Weimar kam niemand. Goethe nicht, Einsiedel nicht, doch weder der alternde Goethe vergaß sie noch der am Ende einsame und gebeugte Einsiedel, der sie sechsundzwanzig Jahre überlebte. »Zuweilen sah man ihn in seiner Verlassenheit auf einer Bank im Park sitzen, still vor sich hinblickend und mit seinem Stock sacht und nachdenklich in der Erde wühlend, als wolle er eine längst gestorbene Zeit aus ihrem Grabe ausscharren.« Corona Schröter: 1751 bis 1802. Ein Abguß ihrer Hand hat sich erhalten, Portraits, einige wenige Briefe, einige wenige Gedichtzeilen Goethes auf sie, einige ihrer Kompositionen. Alles sonst ist verloren. Das Haus am Marktplatz aber steht noch, neben dem Jahre später einer einzog, der Goethes Ruf durch seine *Gespräche mit Goethe in den letzten Jahren seines Lebens* verbreitete wie kaum einer sonst. Marktplatz 6: eine der Weimarer Wohnungen des Johann Peter Eckermann.

Eckermanns Vögel

Der Beginn: in Armut. Marschland, Lüneburger Heideland. Winsen an der Luhe. An der Marktstraße eine »Hütte«, in der nur eine Stube zu heizen war, an der Wand neben der Tür lehnte eine Leiter für den Heuboden darüber. Ein Stiefbruder war zur See gefahren, in Gefangenschaft verschollen, ein zweiter war auf Wal- und Seehundfang gegangen, zwei Schwestern verdingten sich als Dienstmägde. Eine Milchkuh, deren Kälber verkauft wurden. Um die Hütte Ackerboden für Gemüse. Korn für Brot oder Mehl mußte gekauft werden. Die Mutter spann dafür Wolle, der Vater ging mit einem Holzschränkchen auf dem Rücken als Hausierer über Land, verkaufte Band, Zwirn, Seide im Sommer, im Winter handelte er mit rohen Schreibfedern oder Leinwand, die er nach Hamburg brachte. Ihr Jüngster sammelte im Frühjahr angeschwemmtes Schilf als Streu für die Kuh, die er im Sommer hütete, las in der Kornernte liegengebliebene Ähren auf, und im Herbst sammelte er Eicheln, um sie für Groschen an Bauern loszuwerden, die Gänse mästeten. Herangewachsen half er dem Vater, die Bündel auf dessen Wanderungen zu tragen, entdeckte er ein Vogelnest, stieg er geschickt hinauf, es zu betrachten. Nur selten Schule. Ein wenig Lesen und ein wenig Schreiben mußte genügen. Johann Peter Eckermann. Das Ende: in Armut. Das Haus am Weimarer Markt. »Ein kleiner unruhiger Mann, das Gesicht scharf, das eher einem Vogel glich. Und er ging auch gebückt wie eine Krähe.« Ein Gebrochener, seiner Erinnerung lebend. Ging er nach draußen, trug er immer einen nach hinten geschobenen Zylinder, ein hoch hinaufgebundenes Halstuch, einen dunkelblauen Mantel, derbe Stiefel, einen Stock aus Bambusrohr. Zu Hause hatte er einen grausamtenen Rock an. Eine Schlafkammer mit zwei ungewöhnlich großen Betten. Sein Sohn, der später Maler wurde, lebte bei ihm. Frühmorgens trank er Kaffee mit Salz. Ein geräumiges Arbeitszimmer, eine Kommode, ein kleines Bücherpult mit wenigen, aber guten Büchern, ein Tisch am Ofen für Bücher und Briefe, in der Mitte noch ein Arbeitstisch. Auf dem Boden Vogelmist, der ihn nicht störte. Eine »Menagerie« von Eulen, Hühnern, Kampfhähnen, Fledermäusen, die frei im Zimmer flatterten, Strandläufer, die herumgingen, ein Vogelnest, dazu viele, sehr viele Pflanzen. Der Marder Ratz, der Wiedehopf Up: »Zwei Repräsentanten der Tierwelt, denen der Volksmund bekanntlich eine andere Eigenschaft als den Rosen und Veilchen beilegt.« Sein Liebling war eine semmelblonde Maus, Isabelle, die lange vermißt und dann als eingetrocknete Mumie hinter einem Bücherstapel gefunden wurde. In einem seiner Stiefel, die er zum Ausgehen brauchte, fand er ein Mäusenest mit Jungen. Er stellte den Stiefel sacht zurück. Die Kindheitserinnerungen des William Marshall, Spielkamerad von Eckermanns Sohn Karl: »Das alles mögen Kleinigkeiten sein, aber grade diese Kleinigkeiten sind dem Menschenkenner Zeichen eines guten Herzens. Und ein gutes Herz hatte Eckermann, wie selten einer, gut bis zur Schwäche. Abgesehen davon, daß er seine armen Angehörigen nach Kräften unterstützte, half er jedem Bittenden, wo und wie er konnte und oft über seine bescheidenen Mittel hinaus.« Wurden die Vögel am Fensterbrett gefüttert, liefen auf dem Markt Schaulustige zusammen »wie zu einem Theater«, bis das dem Hausherrn zuviel wurde. Umzug in sein Sterbehaus in der Steubenstraße »beim Kammermusikus Klemm parterre«. Als er starb, stand sein Jagdhund jaulend am Bett. Johann Peter Eckermann bloß ein von seltsamen Gerüchten umrankter Kauz? Mitnichten.

Geburtstag: 21. September 1792. Todestag: 3. Dezember 1854. Beginn und Ende und dazwischen: das Leben des Johann Peter Eckermann. Geschichtenprall auch ohne die *Gespräche mit Goethe in den letzten Jahren seines Lebens*, die er aufzeichnete. Sein Lebensweg, wie er ihn selbst beschrieb: Kindheitsarmut, wenig Schule, Hausiererwanderungen, die er liebte. Seine Erweckung noch als Kind, mit vierzehn. »Ich saß eines Abends bei angezündeter Lampe mit beiden Eltern am Tische. Mein Vater war von Hamburg zurückgekommen und erzählte von dem Verlauf und dem Fortgang seines Handels. Da er gern rauchte, so hatte er sich ein Packet Tabak mitgebracht, das vor mir auf dem Tische lag und als Wappen ein Pferd hatte. Dieses Pferd erschien mir als ein sehr gutes Bild, und da ich zugleich Feder und Tinte und ein Stückchen Papier zur Hand hatte, so bemächtigte sich meiner ein unwiderstehlicher Trieb, es nachzuzeichnen.« Stolz zeigte er das Bild. Lob. Dann eine halb schlaflose Nacht vor Aufregung. »Von dieser Zeit an verließ mich der einmal erwachte Trieb der sinnlichen Nachbildung nie wieder.« Bald hatte er zwei Hefte vollgezeichnet, mit allem, was ihm unterkam. Die Hefte machten die Runde, bis sie »zur ersten Person des Ortes« gelangten. Auch von ihr Lob und die Frage, ob er denn Lust habe, Maler zu werden. Die Eltern aber lehnten ab. Ein Mißverständnis. Sie dachten an »Türen- und Häuseranstreicher«. Für sie ein gefährliches Gerüsthandwerk. »Wobei man sich Hals und Beine brechen könne, welches sich, zumal in Hamburg bei den sieben Stockwerk hohen Häusern, sehr oft ereigne.«

Johann Peter Eckermann, der Hütejunge, aber hatte Aufmerksamkeit erregt. Sie blieb ihm erhalten. Er wurde gefördert, durfte mit den Besserstehenden lernen. Französisch, Musik, ein

Ulrike von Levetzow,
Pastell, anonym

bißchen Latein. Ihn ganz auf eine höhere Schule zu schicken, ging nicht. Die Mittel fehlten. Statt dessen trat er eine ihm angebotene Schreiberstelle an, um eigenes Geld zu verdienen. Zwei Jahre blieb er Amtsschreiber zu Winsen an der Luhe, bis das Amt der Verwaltung Niederelbe zugeschlagen wurde, die zum französischen Kaiserreich gehörte. Danach folgten mehrere Versetzungen. Eckermann wurde Schreiber in Lüneburg, Uelzen, zuletzt Bevensen. »Diesen Posten bekleidete ich bis zum Frühling des Jahres 1813, wo die herannahenden Kosaken uns zur Befreiung von der französischen Herrschaft Hoffnung machten.« Vor Moskau aufgehalten, vom russischen Winter vernichtet: die Grande Armée war geschlagen auf der Flucht. Französisch besetzte Gebiete erhoben sich. Eckermann trat als Freiwilliger in ein Jägercorps ein. Der Winterfeldzug auf 1814 führte ihn durch Mecklenburg, Holstein, vor Hamburg, danach über den Rhein nach Brabant und Flandern. »Hier vor den großen Gemälden der Niederländer ging mir eine neue Welt auf.« Er trieb ein großes Zeichenblatt auf, dazu schwarze Kohle. Glückliche Tage des Abzeichnens, Verwerfens, Wegwischens, Fortschreitens, bis ihn ein Marschbefehl zurückrief. Seine Entscheidung aber war gefallen: Maler werden. Und eine weitere Leidenschaft hatte er gefunden: das Bogenschießen. Weil er kein Geld für einen eigenen Bogen hatte, kaufte er wenigstens einen Pfeil. Rückmarsch.

Winsen an der Luhe. Zeichenübungen. Üben, üben, üben. »Unsägliche Mühe.« Eckermann hatte Willen. Was er nicht

Johann Peter Eckermann
um 1828, Kreidezeichnung
von Joseph Schmeller

hatte, war Ausbildung. »Zu einem tüchtigen Meister zu gehen und ganz von vorne anzufangen, das war mein Plan.« Er fand ihn in Hannover. Johann Heinrich Ramberg. Eckermann schnürte sein Bündel. Vierzig Stunden Marsch durch öde Heide bei tiefem Schnee, einsam zu Fuß. Nach Tagen kam er an, legte Ramberg vor, was er gezeichnet hatte. Der sah Begabung, half ihm, warnte aber zugleich vor dem langen Weg zur Malerei, geschweige denn vom Malen zu leben. Eckermann schulte sich unbeirrt weiter, zeichnete, lernte. »Die ganze Anatomie des menschlichen Körpers zeichnete ich durch und ward nicht müde, die schwierigen Hände und Füße immer zu wiederholen.« Die Malschufterei, die Entbehrungen des Mittellosen, die Feldzüge mit ihren windigen Zeltlagern, dem Wachestehen, den Gefechten, der Wintermarsch, vor allem aber die nicht endenden Geldsorgen: Eckermanns Hände begannen zu zittern. Krankheit, Fieber, Todesnähe. Ihm blieb keine Wahl. Er gab das Malen auf, kam wieder als Schreiber unter, denn von Kur bis Heilmittel: zu gesunden kostete. Die Kunst hielt ihn dennoch im Bann. Ohne einen Pfennig, ohne Aussicht, je von der Kunst für die Kunst leben zu können – die meisten hätten zurückgesteckt. Nicht Eckermann. Theodor Körners Kriegsgedichte begeisterten ihn zu einem Gedicht, das er auf eigene Kosten ausstreute. Mit Erfolg. »Man teilte das Gedicht in Zeitschriften mit, es ward an verschiedenen Orten nachgedruckt und einzeln verkauft, und überdies erlebte ich daran die Freude, es von einem sehr beliebten Komponisten in Musik gesetzt zu sehen.« Eckermann hatte Blut geleckt. Wenn nicht malen, dann eben schreiben. Ein Gedicht, noch ein Gedicht, wieder eines. Er las und schrieb. Shakespeare, Sophokles, Klopstock, Schiller. »In dieser Zeit hörte ich zuerst den Namen Goethe.« Mit ihm hatte er seinen Nordstern entdeckt, der ihn leitete, an ihm wurde Eckermann schmerzlich klar, daß ihm wie schon beim Malen grundlegende Bildung fehlte.

Eckermanns Schritt: der vierundzwanzigjährige Amtsschreiber drückte mit Kindern die Gymnasialbank. Bewundernswert. Morgens fünf Uhr aufstehen, Schulvorbereitungen, von acht bis zehn Schule, danach ins Amt bis eins, rasch nach Haus, einen Bissen essen, dann Schule bis vier, danach wieder Dienst bis sieben, abends Privatunterricht. Kaum Bewegung, kaum Ruhe um zu essen, zu trinken, zu schlafen. Eckermann wurde nochmals bedrohlich krank. Aufgeben aber war ihm fremd. Von der Schule ging er ab, den Abendunterricht behielt er bei. Er verlor sein Ziel nicht aus den Augen: »Der Drang nach der Universität, wo ich alles zu erlangen hoffte, was mir fehlte.« Wieder biß er sich durch. Nach seinem ersten Schreiberfolg hoffte er auf Förderung, die er bekam. Seine Gönner aber hatten sie mit einem Haken verbunden: sie forderten ein »Brotstudium«. Er lehnte »halsstarrig« ab. Allein das Schöngeistige lockte ihn. Noch immer ohne ausreichend Geld, harrte er im Amt aus. Das Gedichteschreiben gab er dennoch nicht auf, und Amtsfleiß und Emsigkeit brachten ihn doch noch voran. Er errang weiteres Wohlwollen, seine unbeirrbare Zähigkeit beeindruckte. »Ich trat jetzt bei meinen Obern mit meiner Absicht auf Göttingen wieder hervor und bat um meine Entlassung; und da diese nun die Überzeugung gewannen, daß es mein tiefer Ernst sei und daß ich nicht nachgebe, so begünstigten sie meine Zwecke.« Ungewöhnlich genug: nicht nur daß ihm der Abschied gegeben wurde, Eckermann erhielt 300 Gulden auf zwei Jahre als Fördergeld. Die Bedingung aber war geblieben, und Eckermann hatte nachgegeben, der Rechtswissenschaft zugestimmt. »Ich ging darauf im Mai 1821 nach Göttingen, eine teure Geliebte

94

zurücklassend.« Die teure Geliebte: Johanna Bertram. Sie war siebzehn gewesen, als er sich mit ihr verlobt hatte. An Heirat war nicht zu denken. Sie hatte keine Aussteuer beisammen, er kein Geld für ein gemeinsames Leben. Johann Peter Eckermann wird sie heiraten – nach einer Wartezeit von zwölf Jahren. Die Liebe seines Lebens hieß nicht Johanna, Hanchen, Bertram, sie hieß Johann Wolfgang von Goethe.

Eckermann saß in den Rechtsvorlesungen, gab sich Mühe, ihnen zu folgen, aber vergeblich. »Es lag mir fortwährend nichts in Gedanken als Poesie und Kunst.« Ein Jahr zwang er sich, dann nicht mehr. Er wandte sich den Sprachwissenschaften zu. Eckermann blühte auf, saugte ein soviel nur möglich war, lernte immerfort, doch nicht lange. Das Geld ging ihm aus. Von seinen Förderern kam nichts nach. Er hatte die Bedingung nicht erfüllt. »Ich verließ daher im Herbst 1822 die Universität und bezog eine ländliche Wohnung in der Nähe von Hannover.« Das war billiger, zumal er nun nur noch für, mit, vom Schreiben leben wollte. Freier Schriftsteller. Die heißgeliebten Vorbilder hatten ihn dazu angespornt, und einer vor allen. Seine ersten Schriften zur Dichtkunst nannte Eckermann *Beyträge zur Poesie mit besonderer Hinweisung auf Goethe*. Schon in Göttingen hatte Eckermann einen Band seiner über die Jahre entstandenen Gedichte nach Weimar gesandt. Zur übergroßen Freude hatte ihm Goethe wohlwollend geantwortet. »Dieses zu wissen war für mich in meiner damaligen Lage von großer Bedeutung, sowie es mir auch jetzt den Mut gab, das soeben vollendete Manuskript vertrauensvoll an ihn zu senden.« Mehr noch: Aufbruch Eckermanns nach Weimar im Frühsommer 1823. Wieder zu Fuß. »Auf diesem wegen großer Hitze oft mühsamen Wege hatte ich in meinem Innern wiederholt den tröstlichen Eindruck, als stehe ich unter der besonderen Leitung gütiger Wesen und als möchte dieser Gang für mein ferneres Leben von wichtigen Folgen sein.« War er. Am 9. Juni 1823 ließ sich Eckermann bei Goethe anmelden, am 10. Juni 1823, mittags Schlag zwölf Uhr, erster Besuch Eckermanns bei Goethe.

Goethe diktiert seinem Schreiber, Gemälde von Joseph Schmeller

Die knapp neun Jahre, die Eckermann mit, bei, um ihn verbrachte, waren für Goethe nicht nur die Jahre, in denen sein *Faust* fertig wurde, die *Marienbader Elegie* entstand, *Dichtung und Wahrheit, Wilhelm Meisters Wanderjahre* abgeschlossen wurden und die *Italienische Reise* vollständig vorlag, sie waren auch Jahre der Abschiede von Charlotte von Stein, dem Herzog Carl August von Sachsen-Weimar, und dem Sohn August von Goethe, der in Rom verstarb. Ihn hatte der Schlag getroffen. Eckermann hatte ihn auf der verhängnisvollen Reise begleitet, bei seinem Tod aber war er bereits zurückgekehrt. Er hatte die Reise abgebrochen. Sie hatten sich nicht allzu gut verstanden. Die neun Jahre Goethe: Was war Eckermann für ihn? Ein Bewunderer, der sich demütig Goethe unterordnete? Ein Handlanger, den Goethe an der Leine hielt, um ihn für sich schuften zu lassen? Ein Helfer, der Goethes Sammlungen mitbetreute, seine Schriften sichtete, gegenlas, ordnete, sein »getreuer Eckart«, den Goethe herablassend seinen »braven Eckermann« nannte? Einer, der die *Gespräche mit Goethe in den letzten Jahren seines Lebens* nachweltgerecht aufschrieb? Ein Hausfreund, der ihm die Einsamkeit nach all den Toden vertrieb? Gar ein Freund? Einer, der nicht von Goethe loskam, nicht einmal für seine Verlobte, die noch lange Jahre auf ihn warten mußte? Alles ja und zugleich alles nein.

Eckermann wußte um seinen Wert für Goethe. Ohne ihn wäre der *Faust* nicht abgeschlossen, ohne ihn Goethes späte Gedichte nicht zusammengefaßt worden. Er sah sich bei al-

»Goethehäuschen« auf dem
Kickelhahn
© akg

lem Unterschied an Wissen, Gelehrsamkeit, Schreibkunst auf
freundschaftlicher Augenhöhe. Als ihm Goethe einen Ehren-
doktor zuschanzte, war Eckermann tief gekränkt. »Ich schäme
mich des Titels. Ich bin nicht gelehrt genug, um ihn zu verdienen. Die Universität hat mir den Titel beigelegt, um gegen Goethe gefällig zu sein.« Als lange nach Goethes Tod Eckermanns
Zimmerwirt sein Haus mit einem Plakat schmückte, auf dem
»der biedre Eckermann« nur deshalb gefeiert wurde, weil er
Goethe gekannt hatte, riß er das Plakat zornig herunter. Bei
Goethes Haus fast um die Ecke, in der Weimarer Brauhausgasse, in der er während seiner Goethejahre lebte, hängt noch immer eine Gedenktafel, die ihn geärgert hätte: »In diesem Haus
wohnte Goethes Sekretär Johann Peter Eckermann von 1823
bis 1831.« Sekretär? Eckermann: »Allein daran ist kein wahres
Wort, und rührt ein solches Gerede von Personen her, die sehr
schlecht unterrichtet waren.« Jemandes »Eckermann« zu sein,
ist gleichbedeutend mit geringgeschätzter Zweitrangigkeit.

Für einen eigenen Aufstieg stand sich Eckermann, der
sich so willensstark durchgebissen hatte, seit der Begegnung
mit Goethe selbst im Weg. Seine anhängliche Bescheidenheit
grenzte an Selbstaufgabe. »Mein Verhältnis zu Goethe war ei-
gentümlicher Art und sehr zarter Natur. Es war das des Schü-
lers zum Lehrer, das des Sohnes zum Vater, das des Bildungs-
Bedürftigen zum Bildungs-Reichen.« Er hoffte von Goethe zu
lernen, um mit seinem eigenen Schreiben voranzukommen,
um endlich auch ein gesichertes Auskommen zu finden. Aus

dem aber wurde nichts. Goethe hatte bei ihm den Vortritt. Goethe:»Eckermann schleppt, wie eine Ameise, meine einzelnen Gedichte zusammen; ohne ihn wäre ich nie dazu gekommen.« Eckermann:»Oft bin ich wochenlang für Goethe beschäftigt.« Johanna Bertram:»Goethe zahlt Dir für Deine Güte gegen ihn nichts als Ehre.« Eckermann kämpfte in Weimar weiter mit der Geldnot. Goethe, der ihn zu Anfang noch an seinen Verleger vermittelt hatte, zahlte ihm rein nichts. Die zornig wartende Verlobte:»Er läßt sich Deine Güte höflich gefallen und ist Dir dennoch nicht einmal dankbar dafür.«

Eckermann unterrichtete reisende Engländer, um sich über Wasser zu halten, doch immerhin bezog Goethe ihn in sein Hausleben ein. Essen an seiner Tafel, abendliche Gespräche, Plaudereien mit den Goethebesuchern, bei denen Eckermann sich oft eingeschüchtert fühlte. Nicht nur in Goethes Haus. Er zog die freie Natur Gesellschaftseinladungen vor.»Den Doktor einladen! Er kommt ja doch nicht; und wenn er kommt, so sitzt er wie auf Kohlen, und man sieht es ihm an, daß seine Seele woanders ist und er je eher je lieber wieder fort möchte.« Heitere Episode am Rande:»Gestern nachmittag schoß ich in seinem Garten mit einem Baschkirenbogen. Goethe selbst schoß zweimal. Ich hatte große Freude darüber. Ich schoß einen Pfeil in seine Fensterlade, der nicht wieder herauszubringen war und den wir haben stecken lassen.« Meist aber wartete das Arbeitszimmer im Haus am Frauenplan. Goethes Tag war geregelt. Er arbeitete im Stehen, umgeben von schlichten Möbeln, damit ihn nichts ablenkte. Das Arbeitszimmer lag weitab von häuslichem Lärm. Aufstehen um sechs. Frühstück. Ab acht Diktat. Dann Spaziergang und zweites Frühstück, das Gabelfrühstück. Ab zehn Studium. Gegen zwei Mittagessen mit Gästen, dazu reichlich Wein. Goethe trank meist drei Flaschen am Tag. Danach widmete er sich dem weitläufigen Garten hinter dem Haus und seinen Sammlungen. Die Abende galten oft wieder den Werken. Gegen neun zu Bett. Lesen bis Mitternacht. Goethes Schreibarbeit: Die *Ausgabe letzter Hand* umfaßte vierzig Bände seiner Werke. Zwanzig weitere erschienen als Nachlaß. Einer der Nachlaßverwalter: Eckermann, den Goethe im Jahr vor seinem Tod in seinen letzten Willen einsetzte. Er wurde als Herausgeber am Gewinn beteiligt, der sich nicht wirklich einstellte. Ein schlechtes Geschäft. Die Bücher verkauften sich nur schleppend, und ebenso die *Gespräche mit Goethe in den letzten Jahren seines Lebens*, an denen Eckermann über Jahre gearbeitet hatte. Der erste Band ging noch leidlich, die beiden weiteren nicht mehr. Der Schreibruhm, den er sich von ihnen versprochen hatte, blieb aus. Nach Goethes Tod interessierten sich zu wenige für Goethes Leben.

Goethe in den letzten zwei Jahrzehnten seines Lebens, die noch einmal Schaffens- und Liebesjahre waren: Noch vor Christiane von Goethes Tod: die verheiratete Marianne von Willemer.»Frühlingshauch und Sommerbrand.« Sie liebten einander. Im *West-östlichen Divan* verglich er ihre Zuneigung mit dem Blatt des Ginkgo, der im Garten des Fürstenhauses von Weimar steht. Als er zu ihr eilte, brach die Achse seiner Kutsche. Goethe war abergläubisch. Er kehrte um. Sie sahen sich nie wieder. Bald nach Christianes Tod: die blutjunge Ulrike von Levetzow. Eine Greisenliebe. Goethe suchte seinen Arzt auf, der ihm versicherte, eine Heirat schade ihm keineswegs. In Marienbad warb er um sie. Seit Jahren suchte er Bäder auf, da er immer wieder erkrankte. Das Alter machte ihm zu schaffen. Ulrike von Levetzow, die sich erst geschmeichelt gefühlt hatte, von dem berühmten Goethe umworben zu werden, schlug seinen Antrag rundweg aus. Levetzows reisten ab. Goethe fuhr ihnen vergeblich nach. Auf dem Weg zurück schrieb er verstört, erschüttert die *Marienbader Elegie*.»Mir ist das All, ich bin mir selbst verloren.« Weimar hat er danach kaum noch verlassen. Ein letztes Mal im Sommer 1831. Am 27. August fuhr er nach Gabelbach. In der Hütte auf dem Kickelhahn las er das Gedicht, das er vor fünfzig Jahren oben unter das Fenster geschrieben hatte. Christiane von Goethe, Schiller, die Stein, die Schröter, Wieland, Anna Amalia, der Herzog, sein eigenes Leben. Erin-

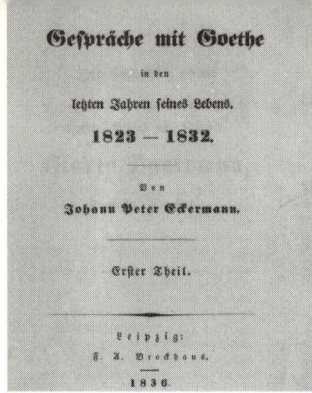

nerungsfetzen. Goethe weinte:»Ja, warte nur, balde ruhest du auch!« Nach der Liebesenttäuschung hatte er sich wieder in sein Schreiben geflüchtet, und auch der unaufhaltsame Besucherstrom zerstreute ihn. Franz Grillparzer kam, Heinrich Heine, Felix Mendelssohn Bartholdy. Clara Wieck spielte ihm vor. Der *Faust* wurde fertig. Gut sechzig Jahre hatte der ihn begleitet. 22. Juli 1831:»Das Hauptgeschäft zustande gebracht.« Er versiegelte die Abschrift des zweiten Teils und verbot, sie vor seinem Tod zu öffnen. Goethe starb am 22. März 1832 mittags um halb zwölf. Sein Sarg stand auf dem alten roten Teppich, auf dem er getauft und getraut worden war. Am 14. März hatte er sich bei einer Ausfahrt erkältet. Er bekam Fieber. Am 20. März ein Herzversagen.»Die Gesichtszüge waren verzerrt, das Antlitz aschgrau, die Augen tief in ihre lividen Höhlen gesunken, matt, trübe; der Blick drückte die gräßlichste Todesangst aus.« Goethe verstarb im Lehnstuhl sitzend neben seinem Bett. Mehr Licht. Eckermann:»Ich legte meine Hand auf sein Herz, – es war überall eine tiefe Stille, – und ich wendete mich abwärts, um meinen verhaltenen Tränen freien Lauf zu lassen.«

Goethes Tod: für Eckermann eine Erschütterung. Und nicht die einzige. Stichwörter: Johanna, Hanchen, Bertram. In seinen neun Goethe-Jahren hatte Eckermann sie so gut wie nie besucht, sie vertröstet, hingehalten, auch wegen einer Schauspielerin des Weimarer Theaters, in die er vernarrt war. Theater war eine seiner Leidenschaften. Sie hingegen schwankte

Grabstätte Eckermanns
in Weimar
© *Klassik Stiftung Weimar*

zwischen dem Verständnis für seine Arbeit und verhaltener
Wut auf Goethe, dem sie vorwarf, Eckermann nur auszunut-
zen, ihn geschickt zu beeinflussen, um ihn an sich zu binden,
ohne sich auch nur einen Kehricht um dessen Fortkommen zu
scheren. Und doch hatte sie gewartet. Zwölf Jahre lang. Kurz
vor Goethes Tod erst die Heirat. Auszug Eckermanns aus der
Brauhausgasse, und beider Einzug in die einstige Wohnung
Johanna Schopenhauers. Schräg gegenüber das Wittumspalais.
Die Aussteuer, die sie zusammengetragen hatte, ihr Erspartes,
das Gehalt, das er als zeitweiser Lehrer des späteren Herzogs
Carl Alexander bekam, reichten hin, gemeinsam zu leben.
Ihre Einzugsbedingung: keine Vögel. Eckermann gab nach.
Ihr Glück aber währte nicht. Wenig mehr als zwei Jahre mit
Eckermann. Erst eine Fehlgeburt, noch einmal schwanger,
dann »Entzündungen und Bluthusten«. Ihr Tod im Kindbett.
Johann Friedrich Wolfgang, genannt Karl, überlebte und wird
Eckermanns einstigen Traum an seiner Statt erfüllen: er wird
Maler werden.

Die Vögel, die er sich wieder anschaffte, vertrieben Eckermann die Einsamkeit. Die *Gespräche mit Goethe* kamen heraus, noch einmal schrieb er einen Gedichtband, doch auch er
wurde ein Fehlschlag. Die Not wuchs. Umzug ins Löschhaus
in der Marktstraße. »Einigermaßen anständige Wohnung.«
Dann nach Jahren weiter in das Haus am Markt Nummer 6.
Er wurde nicht mehr beachtet, kam immer weiter herunter.
»Zu Hofe eingeladen, fand er seine Uniform so vermottet, daß

er nicht gehen konnte.« Die Einladungen waren so selten wie die Gnadengeschenke, die er vom Hof bekam. Mehr Almosen als Unterstützung. Die Bücherei des Hofes durfte er als Bibliothekar betreuen, er gab Rat bei Theaterschwierigkeiten, doch das Geld, das er dafür bekam, war zum Sterben zuviel, zum Leben zuwenig. Seine Ernennung zum Hofrat war nur ein Titel. »Kränklich und hinfällig, hörte er nicht auf den Arzt, kurierte sich nach Broschüren.« Dazu die Vögel, Vögel, noch mehr Vögel. Eckermann wurde eigen, doch er blieb freundlich wie er war. »Nur wo Eckermann Falschheit und Niedertracht witterte, konnte er ungehalten, ja zornig werden; nichts verachtete er mehr als Schleicher, Klätscher und Zwischenträger, an denen ja auch im lieben Weimar, so wenig wie sonst wo in der Welt, Mangel war, ist und sein wird.«

Eckermann nach Goethes Tod: der Spott auf ihn wuchs. Johann Peter Eckermann: »Goethes Papagei«, so Heinrich Heine. Ohne Goethe galt er nichts. Er fristete sich durch, bis er aus Weimar floh. Eckermann setzte sich seiner Schulden halber ab. Nach zwei Jahren erst kehrte er zurück. Er hatte dem Hof seine Lage geschildert, der seine Schulden übernahm. Die Herzogin zahlte sie aus ihrer Tasche, und ein karger Zuschuß wurde ihm auf Dauer gewährt, der dennoch nichts wirklich änderte. Eckermann mitten in Weimar: allein, verlassen, dem Verhungern nah. Tod mit zweiundsechzig Jahren. Bedauerte er seine Goethejahre? Kaum. Eckermann: »Und mit edlem Neid wird man beklagen, dass man mit den Edlen nicht gelebt.« Beisetzung Eckermanns in Goethes Nähe neben der Fürstengruft. Seine Grabstele, die der Herzog seinem alten Lehrer errichten ließ, hätte ihm gefallen: »Hier ruht Eckermann, Göthes Freund.«

Hier sind alle Mädchen schön

Und abermals bloß ein kurzer Weg: vom Markt in die Windischengasse. Nur wenig abseits der ausgetretenen Weimarwege Hausnummer 8. Drei Geschosse, eine Mansarde. Im Weimarer Gedenktafelwald fehlt dieses Haus. Keine Tafel für Schiller, der bei seinem Wechsel von Jena nach Weimar in der Wohnung im zweiten Stock an *Maria Stuart* und *Die Jungfrau von Orleans* schrieb. Keine Tafel für Charlotte von Kalb, von der er die Wohnung übernommen hatte. Und erst recht keine für Jean Paul, der von der Kalb einen Gutteil seiner Eheweisheiten mitnahm: »Unter einen Hut sind die Menschen leichter zu bringen als unter eine Haube.« »Weiber gleich Schnee scheinen dann am festesten wenn sie schmelzen.« »Heiraten in der Jugend heißt sich im Sommer einen Ofen mieten; erst im Winter weiß man, ob er heizt oder raucht.« »Wenn sich die Weiber so lange aus- als anzögen: so würde keine verführt.« »Ämter und Weiber muß man spät nehmen.« »Im Freien sehen die wenigsten Damen schön aus – sie müssen in Zimmern stehen – sogar in Abendlicht – am Ende ohne Licht.« »Die Ehe gehört für Engel; die Menschen sind dazu zu schwach.« »Schwerlich hat je ein Mann bereut, irgend eine Frau nicht geheiratet zu haben.«

Juliane von Krüdener, Karoline von Feuchtersleben, Henriette von Schlabrendorff, Emilie von Berlepsch und, und, und – sie alle mußten enttäuscht einsehen: Jean Paul war zu haben, zu kriegen war er nicht. Und so auch Charlotte von Kalb in Weimar.

Weil sie ihm bewundernd geschrieben hatte, war er aus dem abgelegenen Frankenwald zu ihr gewandert, hatte frühmorgens die Stadt Hof verlassen und die Nacht in einer elenden Gaststube verbracht, weil der Wirt dem dürren Jüngling mit dem offenen Hemd und dem fliegenden Haar kein Zimmer geben wollte, war weiter über Kahla nach Jena gegangen, auf dessen abscheuliches Bier er schimpfte, und hatte für die letzte Wegstrecke die Kutsche genommen, um nicht als der arme Schlucker in Weimar zu erscheinen, der er war. Mit wenig Geld, aber großer Hoffnung stieg er am 10. Juni 1796 nach zwei Tagen Eilmarsch im »Erbprinzen« ab: Johann Paul Friedrich Richter, der sich Jean Paul nannte. »Endlich, gnädige Frau, hab' ich die Himmelstore aufgedrückt und stehe mitten in Weimar. – Ich bin noch nicht aus der Reisekruste heraus, so nehme ich schon die Feder zur bittenden Frage, welche einsame Stunde – denn zwischen dem ersten Sehen sollte nie das dritte Paar Augen stehen – Sie mir vergönnen.« Eine Nacht Geduld, dann empfing ihn Charlotte von Kalb, üppig, geistvoll, gebildet, erfahren, leidenschaftlich, freisinnig, mit aller Welt bekannt, zwar unglücklich, aber doch verheiratet, am nächsten Morgen in der Windischengasse – wohlwollend. Einst hatte sie Schiller an sich gezogen und Hölderlin gefesselt. Nun also: Jean Paul. »Sie ist ein Weib wie keines!«

Seine Ankunft sprach sich in Windeseile herum, nicht nur, weil die Torwachen die wenigen einreisenden Fremden sogleich zu melden hatten, denn Jean Paul war alles, nur kein Unbekannter. Er hatte als meistgelesener Schriftsteller Wieland und Goethe abgelöst, und das, obwohl er fast sein ganzes Leben nicht aus dem Waldland um Hof herausgekommen war, das er als »Kuhschnappel«, »Flachsenfingen«, »Krähwinkel« verspottete. Jean-Paul-Überröcke wurden geschneidert, Tabaks-packungen sein Bild beigelegt, er prangte auf Pfeifenköpfen, sein Portrait wurde auf Tassen gemalt, ein Blähungspulver, das er in seinem *Hesperus* beschrieben hatte, wurde als »Hesperus-Pulver« angeboten, doch soviel er auch gelesen wurde, sowenig brachte ihm das ein. Für das Schreiben zu leben, war möglich, vom Schreiben zu leben, war fast unmöglich. Jean Paul war einer der wenigen, dem das gelang, wenn auch nur irgendwie. Die bücherverschlingenden Damen aber umflatterten ihn – und bissen sich die Zähne aus. Sein Lebtag lang betete er sie an, begeisterte sich für sie, war immer sogleich verliebt, und selten in eine allein, meist in mehrere auf einmal. Kaum eine, für die er sich erwärmt hatte, schaffte er wirklich ab, vielmehr schickte er ihnen unentwegt Brief auf Brief hinterher. Dazu die Brief-Liebhabereien mit Verehrerinnen, die er noch nicht getroffen hatte. Keine blieb unbedacht, und um all den Bitten um eine Haarlocke von ihm nachzukommen, plünderte er das Fell seines Pudels. Seine »Simultan- und Tuttiliebe« nannte das Jean Paul, doch die ihm mit zuviel Feuer begegneten, fanden ihn kühl, die ihm zu nahe rückten, wies er zurück. Aus der Ferne begehren, je weiter, je lieber, sagte ihm am meisten zu, denn Jean Paul war nur einem verfallen: dem Schreiben.

»Er kam in der Liebe bis auf einen gewissen Punkt, dann hörte seine Belagerung auf.« Jean Paul zog den Traum vom Lieben der Wirklichkeit vor. Seine »Kuß-Kaperei« gierte nicht, er schwärmte nicht, um zu besitzen. »Er ist so unschuldig wie ein Kind, und so befangen.« Weil mithin alles harmlos, luftig, schwebend blieb, umschwirrten die Damen ihn desto heftiger, zumal der Habenichts so recht zum arglos sittsamen Schmach-ten taugte, da er für die gehüteten höheren Töchter nicht in Frage kam. Jean Paul liebte, um die Liebe in sein Schreiben ein-zuweben, das ihm alles war. Schreiben, nur Schreiben, Tag für Tag, das war sein Leben. *Grönländische Prozesse* erschienen, die *Auswahl aus des Teufels Papieren* entstand, schon folgte *Die unsichtbare Loge*, der das *Leben des vergnügten Schulmeisterlein*

*Der Lieblingsaufenthalt
Jean Pauls bei Wunsiedel
© akg*

Maria Wutz in Auenthal»angeleimt« ist. »Das ist noch über Goethe!« Jean Paul wurde gefeiert. Am meisten für *Hesperus oder 45 Hundsposttage. Eine Lebensbeschreibung*, die im Jahr vor Weimar herausgekommen war. Rasch begann er den *Quintus Fixlein, Des Amts-Vogts Josuah Freudel Klaglibell gegen seinen verfluchten Dämon, Des Rektor Florian Fälbels und seiner Primaner Reise nach dem Fichtelberg*, die *Belustigungen unter der Hirnschale einer Riesin*, die *Blumen-, Frucht- und Dornenstücke oder Ehestand, Tod und Hochzeit des Armenadvokaten F. St. Siebenkäs*, dessen letzten Band er am Tag vor seiner Weimarwanderung fertig hatte, die *Rede des toten Christus vom Weltgebäude herab, daß kein Gott sei, Dr. Katzenbergers Badereise.* Allesamt überbordende Fluten von Wörtern, die er sich häufig genug höchstselbst erfand. Irrlichternde Einschübe, beständige Vor-, Zwischen-, Nachreden, gewürzt mit geschliffenem Witz, von schnörkelig, launig, blumig bis ätzend barsch, ausladend langatmig, gelehrt belehrend: Jean Pauls durchaus eigenwilliges Schreiben steht so einzig da wie die Helden, die er schuf. Der untertanenselige Fälbel, der über eine Hinrichtung genauso leicht scherzt, wie er seine Tochter dem Wirt, den er nicht bezahlen kann, als Pfand gibt, der feige Schmelzle, der zu baden meidet, damit er dereinst keinen Ertrinkenden retten muß, oder der Mißgeburten sammelnde, Brot mit Spinnen verschlingende Katzenberger, der aufbricht, einen unliebsamen Rezensenten durchzuwalken. Sie allesamt sind glückliche Narren, weil sie, wenn überhaupt, erst an ihrem Ende ihre Torheit erkennen. Sie

Jean Paul mit seinem Pudel
Ponto, Scherenschnitt
von Christine-Louise
Duttenhofer, © bpk

versuchen, sich eine heile Welt zu schaffen, weil sie in keine geboren wurden. Die Idyllen aber, die Jean Paul mit ihnen zeichnete, sind trügerisch. Sie klagen an. Das Schulmeisterlein Wutz hungert und friert, Siebenkäs flieht Weib und Armut. Die Welt, auf die sich Jean Paul verstand, war die zopfige Welt der kleinen Leute, in der nicht gern gelebt, doch über die gern gelesen wurde. Besonders die Damen schätzten seine Werke, und so auch Charlotte von Kalb. Dem zeitlebens verehrten Goethe dagegen, dem Jean Paul *Die Unsichtbare Loge* und den *Hesperus* geschickt hatte, war er keine Antwort wert gewesen. Jean Paul kümmerte das nicht. Er freute sich harmlos darauf, seine »Dreieinigkeit« Goethe, Herder und Wieland in Weimar kennenzulernen. Die aber waren sich nach Götterart weder einig noch grün.

Am Morgen des 11. Juni 1796 war davon noch nichts zu spüren. Jean Paul war für Charlotte von Kalb, natürlich, entflammt, und sie reichte ihn herum. Teegesellschaften, Abendeinladungen, Spaziergänge. Jean Paul wollte Weimar, Weimar wollte Jean Paul sehen. »Ach, hier sind Weiber! Auch habe ich sie alle zum Freunde, der ganze Hof, bis zum Herzog lieset mich.« Johann Gottfried Herder, den Jean Paul am meisten bewunderte, traf er noch am ersten Tag. Sie sprachen Stunden um Stunden über Jean Pauls Werke, die Herder überschwenglich lobte, wie er die seinen. Der Abend wurde bei der Kalb verschwelgt. Das Bier, seine »vorletzte Ölung«, sein »Weihwasser«, floß wie der Wein, Jean Paul eilte von Tafel zu Tafel, jeder und vor allem jede mußte ihn bei sich haben. »Hier sind alle Mädchen schön.« Weimar wurde für ihn zum »Luststrudel«, besonders weil er schon bald so geräumig wohnte wie nie zuvor. »2 Zimmer, besser meubliert als eines im Modejournal, füllet mein Ich. In jedem Zimmer ein Licht, alles alles sogar der Nachtstuhl am Bette.« Briefbogen samt Umschlägen lagen für ihn bereit, selbst nach einem Diener mußte er nur rufen, und das ihm, der in Hof mit Mutter und Bruder in einer engen Kammer lebte, schlief, arbeitete.

Ehe er sich aus Hof fortschrieb, über Weimar hinaus, nach Berlin, Meiningen, Coburg, endlich Bayreuth, darbte Jean Paul bitter dahin. An Brot mangelte ihm zwar nicht, wenigstens anfangs nicht, doch er war arm dran. Der Vater starb früh, und fortan brachte ihn die Mutter, Sophia Rosina Richter, elend durch, erst in Schwarzenbach an der Saale, später in Hof. Dort schuftete sie sich die Finger wund, ihm die Spinnpfennige nach Leipzig zu schicken, wo Jean Paul mit einem Armutszeugnis studierte, bis er schuldenhalber floh. Sieben Kinder hatte sie zur Welt gebracht. Ihre beiden Mädchen lebten nicht lange, Jean Paul, geboren am 21. März 1763 in Wunsiedel, die ersten Jahre aufgewachsen im Flecken Joditz, war der älteste. Heinrich, der die Not nicht ertrug, brachte sich um, Adam tauschte den Jammer zu Hause mit dem schlimmeren beim Militär, Gottlieb wenigstens fand ein Auskommen in Bayreuth, Samuel, Spieler und Dieb, starb in einem Lazarett. Die Mutter rieb sich auf, borgte, soviel sie vermochte, verschuldete sich immerfort. Nach dem Tod der Mutter fand Jean Paul ein Heft, in dem sie ihren schmalen Erwerb fein sauber aufgelistet hatte. Titel: »Was ich ersponnen.« Sie waren Hungerleider. Doch Jean Paul, erst Hofmeister in Töpen, dann Winkelschullehrer in Schwarzenbach, erschrieb sich seinen Weg in die Welt unermüdlich zäh. Bücher, Bücher, Bücher. Er schnappte nach allem, las sich die Augen wund, klaubte ihm Wichtiges immerfort heraus. Bereits in seinen Kinderjahren hatte er sich aus Blättern, die er zurechtschnitt, zusammennähte und vollschrieb, Bücher selbst gemacht, da er nun einmal keine eigenen hatte. Und nun: Weimar, Johann Gottfried Herder, Corona Schröter, die weitberühmte Sängerin, und dann doch Johann Wolfgang von Goethe, vor dem die Kalb gewarnt hatte. So er ihm begegne, solle er zurückhaltend sein, bedächtig, kühl. Goethe empfing ihn. Erst war er mürrisch einsilbig, dann taute er auf, wurde Glas auf Glas freundlicher. Jean Paul:»Auch frisset er entsetzlich.« Für Jean Paul ein gelungener Abend, an dem ihm nicht entging, daß Goethe, von »feinstem Geschmacke« gekleidet, ihn als seinen Gefolgsmann zu gewinnen trachtete. Durch Weimar ging ein Riß. Auf der einen Seite Johann Gottfried Herder und Christoph Martin Wieland, auf der anderen Goethe und Schiller, den Jean Paul wenig später traf. Schiller lud ihn zur Mitarbeit an ihrer Zeitschrift *Die Horen* ein, mit denen Goethe und er den Gegnern ihrer oft zum bloßen Ideal erstarrten Griechenklassik heimzuleuchten gedachten. Vor allem Herder hatte sich davon abgewandt, Jean Pauls Weimarer Leitstern. Der Streit um den rückwärtsgewandten Griechenblick ging nicht allein um Schreiben, Bücher oder Kunst, er war seit der Französischen Revolution von 1789 auch die Auseinandersetzung zweier Weltanschauungen. Wofür eintreten? Sicherung der Adelsherrschaft oder Vorantreiben der Bürgerrechte? Der bodenständige Jean Paul, der Schiller schlichtweg nicht mochte, weil er ihn »voll schneidender Kräfte, aber ohne Liebe« fand, hatte seine Entscheidung längst getroffen. Er hatte zu sehr die bittere Wirklichkeit der armen Leute im Blick, über die er schrieb und auf deren Seite er stand. Jean Paul war wielandgleich Bürgerlicher durch und durch. Er schätzte keinen Rang, er schätzte Menschen. »Überhaupt steig ich in die Nester der höhern Stände nur der Weiber wegen hinauf, die da, wie bei den Raubvögeln, größer sind als die Männchen.« Nicht lange, und Goethe schimpfte Jean Paul einen »Chinesen in Rom«, einen Barbaren in der Hauptstadt der Kunst, »halb nur gebildet«, und Schiller, der »diese Richters, diese Hölderlins« abkanzelte, empfand ihn fremd, wie einen, der aus dem Mond gefallen ist. Jean Paul: »Ich habe in Weimar zwanzig Jahre

Corona Schröter

in wenigen Tagen verlebt – meine Menschenkenntnis ist wie ein Pilz mannshoch in die Höhe geschossen.«»Schon warf ich hier mein dummes Vorurteil für große Autores ab als wären's andere Leute.«»Kurz, ich bin nicht mehr dumm. Auch werd' ich mich jetzt vor keinem großen Mann mehr ängstlich bücken.« Enttäuscht vom allzu Edlen und Guten wandte er sich dem Leben zu. Hof hatte ihn wieder.

Und die Kalb? Drei Wochen war Jean Paul bei ihr geblieben, und kaum aus Weimar abgereist, sandte sie ihm Briefe hinterdrein, wurde fordernder, drängender. Nichts für Jean Paul. Als sich die Kunst- und Buchbegeisterte zudem in seine Schreibarbeit einmischte, war Jean Paul froh, gehörig Weg zwischen sich und ihr zu wissen, denn auf ihn wartete sein »General- und Kardinalroman«, der *Titan*, den er zu entwerfen begann. »Solang' ein Weib liebt, liebt es in einem fort – ein Mann hat dazwischen zu tun.« Ungestört blieb er dabei nicht. Auftritt: Juliane von Krüdener. Unerwartet stand sie in der Stube. Sie wirkte sofort auf ihn, doch als sie sich wünschte, er möge doch über sie schreiben, verstummte er. Seine Künftige malte er sich bescheidener aus. Sie sollte leichter lachen denn weinen, sollte milde sein, sparsam, hübsch, einfach, brav, genügsam am Herd stehen, ihn gerne lesen, ein »Kinderkonzert« bringen.

Auftritt: Emilie von Berlepsch. »Lustig und munter und dick und fett.« Als sie Jean Paul besuchte, war sie soeben geschieden. Sie brach nach Leipzig auf, er eilte ihr nach und das, obwohl seine Mutter im Sterben lag. Am Tag nach seiner Abreise

Jean Paul um 1798, Gemälde
von Heinrich Pfenninger
© akg

war sie tot. Er kehrte zurück, begrub sie, sodann war er nicht mehr zu halten. Hof war ihm zu eng geworden. Die Berlepsch umgarnte ihn geschickt. Sie gaukelte ihm vor, gänzlich unsinnlich zu sein, drängte ihm sogar ihre Freundin zur Frau auf, und Jean Paul wurde schwach. Er gab ihr ein Eheversprechen, das er nicht hielt, denn er fürchtete »Hand und Halfter«. Er trennte sich so rasch wie er sich versprochen hatte. »Sie bekam über einige meiner Erklärungen Blutspeien, Ohnmachten, fürchterliche Zustände; ich erlebte Szenen, die noch keine Feder gemalt.« Einer war das nur recht: Charlotte von Kalb, die zwei Jahre auf Jean Paul gewartet hatte.

Noch einmal Weimar. »Ich bin frei, frei, frei und selig.« 1798 kam Jean Paul für Wochen zurück, bloß im Sommerrock. Die Liebelei zur Kalb loderte wieder auf, ständig war er in Herders Nähe, die Herzogin wurde in Tiefurt und Wieland auf dessen Gut in Oßmannstedt besucht, von dem er sich wegen seines »weitgegitterten Sommerornats« einen Rock lieh, mit dem er »wie der Alte« im Haus herumschlich. Wieland schlug ihm vor, bei ihm zu wohnen, doch Jean Paul lehnte das, hellhörig geworden, ab. »Weil ich gewiß weiß, daß ich in der Einsamkeit und in der Gesellschaft darauf am Ende eine von seinen Töchtern heiraten würde, welches gegen meinen Plan ist.« In Wielands Töchtern lägen zwar schöne Herzen, allein mit den Gesichtern wolle es nicht fort, so Jean Paul, der sich daher entschloß, lieber in Weimar selbst zu leben. Leipzig gab er auf, um ein Zimmer in einem Haus am Markt zu beziehen, das gleich an der Ecke zur Windischengasse lag. »Nie war ich so stubenglücklich. Ich will nur etwas von unserem Verhältnis anführen: Ein an sich geräumiger Nachttopf wollte doch nicht zulangen, wenn ich gerade schrieb, weil er und das Tintenfaß wie natürlich in umgekehrtem Verhältnis voll und leer werden. Die Frau sah, daß ich oft die Treppe in der Kälte hinab mußte. Sie brachte mir also einen ganz neuen bowlen-mäßigen getragen, bei dem ich acht Seiten schreiben kann. Sie sorgt für Holz, für Wohlfeilheit, wäscht, wenn ich verreise, wie meine Mutter, alles, sogar das Tintenfaß.«

Jean Paul nutzte Weimar, um zu reisen. Noch immer oft zu Fuß. Wanderungen waren ihm ein Fest. Die meisten seiner Reisen gingen von Weimar aus gen Süden, denn Charlotte von Kalb hatte zwar die Finger wieder nach ihm ausgestreckt, doch Karoline von Feuchtersleben bekam ihn zu fassen. Charlotte von Hildburghausen, emsige Jean-Paul-Leserin, hatte ihn eingeladen. Die Damen ihres Hofes verehrten ihn, von der zarten Karoline hingegen, die ihm schon geschrieben hatte, war er angetan. Jean Paul blieb länger. Danach flogen Briefe her wie hin. »Willst du mein sein?« »Das muß ich dich ja fragen!« Und Jean Paul war verlobt. Erst war das ein Geheimnis, dann hielt er um sie an. Ein Sturm brach los. Blankes Entsetzen. Dieser wahre Sonderling? Ein Schriftsteller dazu, der nicht wissen kann, wie lange er den Beifall seiner Leser hat, ohne Haus, ohne Hof, mit unsicherem Einkommen? Die Familie von Feuchtersleben war entrüstet, weil Karoline es nicht nötig habe, sich dem schadenfrohen Hohngelächter auszusetzen, indem sie in »solch eine seltene Mariage entriert«. Umsonst. Karoline von Feuchtersleben blieb standhaft. Sie wurde nicht an ihm irre. Freudig erwartete sie ihren Jean Paul – der nicht kam. Das Wetter schützte er vor, er fühle sich krank, der *Titan* – als sie zuletzt in Ilmenau aufeinandertrafen, stritten sie. Seines Berufs sei nicht zu lieben, sondern die Liebe zu schildern, tröstete sie nicht. Er war auf und davon, sie nicht mehr verlobt. »Es ist freilich komisch, daß meine Treppe zum Ehebette unendlich lang sein soll.«

Doch auch zu der, die so lange auf ihn gewartet hatte, stieg er nicht die Treppe hinauf, wenigstens nicht zum Bett ihrer Wohnung im zweiten Stock des Hauses in der Windischengasse. Jean Paul hatte weiter am *Titan* zu schreiben, zu dem ihn die neuerliche Liebelei mit Charlotte von Kalb beflügelte. »Ich kann nicht sagen, mit welcher ernsten Berechnung auf meinen *Titan* das Geschick mich durch all diese Feuerproben in und außer mir, durch Weimar und gewisse Weiber führt.« Das gewisse Weib gab sich alle Mühe, ihn zu binden, doch abermals vergeblich. »Die Unschuld seiner Seele und die Abscheu vor jeder derberen Sinnlichkeit, welche die Jungfräulichkeit seines Körpers bis in das Brautbett führten, verwischten nie durch Sättigung das schöne Bild der Phantasie.« Jean Pauls Brautbett stand nicht in Weimar. Es stand in Berlin, und nicht Charlotte von Kalb lag darin, die für ihn an Scheidung dachte. Sie machte ihm einen Antrag. Hoffnung hatte er ihr genug gegeben, nun gab er ihr sein Nein, weil sie nicht zu seinen Träumen »passet«. »Mein Herz will die häusliche Stille, die nur die Ehe gibt. Es will keine Heroine – denn ich bin kein Heros – sondern nur ein liebendes sorgendes Mädchen; denn ich kenne jetzt die Dornen an jenen Pracht- und Fackeldisteln, die man genialische Weiber nennt.« Im Sommer 1799 gab Charlotte von Kalb ihre Windischengassenwohnung auf, in die Schiller einzog. Sie verließ Weimar und ging zurück auf ihr heimisches Gut, um Jean Pauls Weg nurmehr aus der Ferne zu verfolgen, den sie für sich nie ganz aufgab. Ihre Weimarer Tage waren vorbei, und auch die des Jean Paul gingen im Jahr darauf zu Ende. Nicht Weimar wurde die Stadt Jean Pauls, sondern Bayreuth, in dem er sich Jahre darauf niederließ, um fern von allem Trubel zu schreiben.

Jean Pauls nicht zu unterschlagender Lebensrest: »Weiber die Menge.« Zuerst in Berlin. Er wurde mit Esther Bernard, mit Helmina von Chézy, mit Rahel Levin näher bekannt, sogar die Königin lud ihn nach Sanssouci, nachdem er ihr den ersten Band des *Titan* gesandt hatte, der ihr gewidmet war. Jean Paul

Charlotte von Kalb,
um 1784

taumelte von einem Empfang zum nächsten, die eigens für
ihn ausgerichtet wurden. »Ich besuchte keinen Gelehrtenklub,
so oft ich auch dazu geladen worden, aber Weiber die Menge.
Ich wurde angebetet von den Mädgen, die ich früher angebetet hätte. Himmel! welche Einfachheit, Offenheit, Bildung
und Schönheit.« In Berlin, so Jean Paul, sei eine solche Menge
schöner Mädchen in einer Gesellschaft, daß man, wenn sie alle
entflohen wären bis auf eine zufällige, diese genommen hätte.
Sie umlagerten ihn scharenweise. Mit dabei war Josephine von
Sydow, die er heimlich beehrte, sie war immerhin verheiratet.
Aber: da er sie öfter sah, entsprach sie ihm nicht mehr, er kannte sie zu gut, zu rege hatten sie sich zuvor schon geschrieben.

Henriette von Schlabrendorff löste sie ab. Die nun beugte
sich ihm so weit entgegen, daß er sie nurmehr schwerlich heil
überstand: »Aus ihrem Anwinden und aus ihrem Wunsche, an
mir zu schlafen war leicht auf die Zukunft zu schließen. Und
so ging ich.« »Da wär' ich an die Rechte gekommen! Ich bin
manchmal eine Art von Tollkopf, und sie ist noch zehnmal toller
als ich, zu allen Zeiten; das wär' ein tolles Leben geworden, und
was für tolle Kinder hätte das gegeben!« »Gottlob, daß die meine
Frau nicht geworden ist, wie sie mit Gewalt wollte.« Das wurde
eine andere, denn glücklich entkommen, ging er der entgegen,
die er von früh an gesucht hatte. Er war endlich entschlossen.
»Das Verlieben kann ausgesetzt werden.«

»Jean Paul Friedrich Richter meldet seine Verlobung mit
der zweiten Tochter des Herrn Geheimen Ober-Tribunals-Rat

Jean Paul,
Porträt von Carl Christian Vogel
von Vogelstein, um 1822
© akg

Mayer.« Sie war mit einem anderen verlobt gewesen. Für ihn hatte sie sich getrennt. Dreiundzwanzig Jahre war sie alt, er achtunddreißig. 1801: Jean Paul war verheiratet. Ergeben, fast ehrerbietig demütig schaute sie zu ihm auf, der sie weder stürmisch noch hingerissen begehrte. Still war sie und einfach und brav und genügsam und hübsch. Kinder stellten sich ein, die er sich wünschte. Die Töchter Emma und Odilie, Max, der Sohn. Gleichviel, sehr glücklich wurden sie miteinander nicht. In Meiningen nicht, wohin sie zogen, nicht in Coburg. Sie lebten, mal friedvoll, mal zänkisch, nebeneinander her, auch in Bayreuth, in das er des Bieres wegen kam, das ihm nirgends so zugesagt hatte. »Jedes andere macht mich stumpfsinnig, träg, schwer, benommen. Nur dies ist meiner Gesundheit zuträglich, und da diese mir zu meiner Arbeit unentbehrlich ist, bleibe ich in Bayreuth, das ich sonst wohl verlassen würde«. Coburg, aus dem er gekommen war, hatte ihn verdrossen. Zu trist. »Es gibt ja weniger Köpfe als Hälse.« Er war an einer Ecke gestanden und die Pißsteuer, die er zur Strafe berappen mußte, hatte ihn vertrieben. 1804 war Jean Paul in Bayreuth ohne viel Federlesens und ohne viel Gepäck eingetroffen, um sein Leben zurückgezogen zu verbringen. Seine Ehe besserte das nicht. »Hätt' ich keine Bücher zu schreiben: ich wäre der beste Ehemann.«

Jean Paul in Bayreuth: »Der närrischte Kerl von der Welt« hielt sich einen Laubfrosch, um das Wetter vorherzusagen, Fliegen für die Spinne, Mäuse, Kanarienvögel, ein Eichhörnchen, mit dem die Kinder spielten, in die er vernarrt war. Von den

Kriegen Napoleons, gegen die Jean Paul geißelnd anschrieb, blieben sie verschont. Jean Paul verteilte Suppe an die Armen, und über Wissenschaft, Philosophie, Grammatik las und schrieb er kreuz und quer. Angetan von der Medizin, meinte er, laufend sich und andere kurieren zu müssen. Er war wehleidig. Die Hose zu kurz, der Rock verschlissen, die schmutzige Weste mit mehr Löchern denn Knöpfen: Jean Paul wurde für verschroben gehalten. Den Kindern gab er Unterricht mit guten Worten und wenig Prügel, was selten war, und, was gleichfalls selten war: er konnte von seinen Schriften leben, wenn auch weiterhin nur gerade eben so. Wirklich gut gingen sie nicht mehr. Er zehrte vom vergangenen Ruhm. Und dennoch: Der *Titan* samt *Des Luftschiffers Giannozzo Seebuch* war abgeschlossen, die *Flegeljahre* hatte er begonnen. Ein Buch über das andere kam heraus.

Zuerst ging er sie allesamt unverdrossen ob des Ehealltags an, bald aber zog er sich noch weiter zurück. In Coburg hatte er seiner »Vorneigung zum Stilleben, zum geistigen Nestmachen« auf dem Adamiberg gefrönt, in Bayreuth flüchtete er sich in einen Gasthof, die »Rollwenzelei«, die nach Anna Dorothea Rollwenzel benannt wurde. Bald alle Tage lief er zu ihr hinaus. Die Rollwenzel richtete ihm daher eine eigene Klause ein, sie wartete ihm mütterlich auf, mästete ihn geradezu. Der einst hagere Jean Paul ließ sich von ihr verwöhnen, und bei ihr konnte er schreiben, ungehemmt arbeiten, lesen, den beträchtlichen »Trinkunfug« nicht zu vergessen. Seine Frau blieb zu Hause. Für einbestellte Besucher ging er nachmittags nach Bayreuth zurück, das für Jean Paul den Fehler hatte, daß zu viele Bayreuther dort wohnten. Die Abende verbrachte er in der »Harmonie« beim Bier. Und auch das Schnäbeln führte er fort trotz allem. Seine Meinung darüber hatte sich nicht geändert. »Wenn sie eine Gans isset, bleibt doch noch immer eine übrig.« »Die Liebe wird lächerlich, je mehr man Paare neben einander häuft.« »Die Weiber sind Repetieruhren, nicht zu entbehren und ewig zu reparieren. Man verwünscht und wünscht sie unaufhörlich.«»Sie setzte ihren Kopf auf, das schlechteste, was sie aufsetzen konnte.«»Im Alter will man keine neuen Freunde, aber neue Freundinnen.« Und die fand er. Eine vor allem: die junge Sophie Paulus, die ihm 1817 eine letzte Kuß-Hascherei bescherte. Während einer der Reisen, auf denen er immer wieder einmal die Bayreuther Enge floh, hatte er sich schier vernarrt. Seine Frau schreckte auf, erboste eifersüchtig. Vorwürfe allenthalben. Er aber hatte gewarnt:»Einen Hagestolzen zu ehelichen, ist fast gefährlicher als eine Witwe, denn diese erwartet Männer wie sie sind, und fühlt weniger Furcht, als sie vielleicht gibt. Jener hingegen verlangt alle seine vorigen Liebschaften in seiner letzten konzentriert, falls er nämlich bescheiden ist; – denn ein Unbescheidener fordert, daß die letzte alle übertreffe, und seine vorigen Untreuen und seine jetzige Wahl rechtfertige. Aber freilich, da man in Flüssen täglich fischt, in Teichen nur im Herbst einmal, so muß sich der ältliche Mann nachher sehr verwundern, und er sagt: Ei verdammt! so hab' ich mich doch noch zu früh verplempert!«

Seine Karoline litt meist still, doch als er dann, 1818, trotz allem nochmals losfuhr, Sophie Paulus wiederzusehen, schickte sie ihm bestimmt hinterdrein, sie gebe ihn frei, er könne gleich bei ihr bleiben, halten werde sie ihn nicht. Jean Paul gab nach. Er kehrte zurück. Nur selten brach er danach noch aus Bayreuth aus. Einmal aber machte er sich noch auf den Weg: 1820 nach München, wo sein Sohn studierte. Jean Paul war erschrocken. Max verehrte Karl Ludwig Sand, den Mörder August von Kotzebues, der den Burschenschaften als Freiheitsfeind und Vaterlandsverräter galt. Sand, wie Jean Paul in Wunsiedel geboren, hatte Kotzebue den Dolch in die Kehle gestoßen, war niedergekniet und hatte nach dem eigenen Herzen gestochen, das er verfehlte. Sein Köpfen auf dem Richtplatz,»Sands Himmelfahrtswiese«, wurde zum Ereignis. Späne des Blutgerüstes wurden als Reliquien eines Märtyrers gehandelt, aus den Balken des Schafotts baute sich der Henker ein Häuschen in den Weinbergen bei Heidelberg, in dem sich über Jahre Bur-

schenschafter im Geheimen trafen. Als Jean Paul ankam, fand
er Max völlig entkräftet. Doch nicht die Schwärmerei hatte ihn
erschöpft, der Sohn wollte wie der Vater sein. Er war begabt,
aber nicht begabt genug. Das Schöpferische, das ihm fehlte,
wollte er erzwingen. Aufgewachsen mit den Erzählungen über
Jeans Pauls Hungerjahre, ahmte er die nach. Jean Paul mahnte,
schimpfte, lachte ihn aus, munterte ihn auf, tröstete – vergeblich. 1821 tauchte Max in Bayreuth auf, an Ruhr und Typhus
erkrankt, wenige Tage später der Tod des Sohnes, den Jean
Paul nicht verwand.

Jean Paul war nicht mehr aufzuheitern. Dunkle Ahnungen
bedrückten ihn. Er schrieb noch, doch wenig. Meistens brach
er unversehens ab. *Die Flegeljahre, der Komet, die Selberlebens-
beschreibung* blieben unvollendet liegen. Er verfiel zusehends.
Er magerte ab, krank war Jean Paul schon lange. »Alle Freuden
genommen, Reise-, Garten-, Harmonie-, Arbeit- und Schreib-
freuden.« 1824 wurde ihm letztmals besser. Einmal noch zog
er in die »Rollwenzelei«, dann kam die Nacht über ihn. Er
erblindete, die Beine schwollen ihm an, ständig hustete er.
»Er glaubte, es sei Nacht, und wünschte in sein Bett gebracht
zu werden. In seine Schlafstube ward er nun auf seinem Rä-
derstuhle hinübergefahren. Bald darauf brachte seine Gattin
ihm Blumen, die eine Freundin ihm gesandt, welche von jeher
seine Tage zu verschönern gesucht.« Wer die Blumen sandte?
Keiner weiß das, aber Charlotte von Kalb überlebte Jean Paul
um achtzehn Jahre und gedacht hat sie der Weimarer Jahre mit

Gemälde von Otto Knille »Weimar 1803«, Goethe und andere zeitgenössische Dichter, © akg

ihm bis zum Schluß. Doch auch davon schweigt die Fassade des Hauses Nummer 8 in der Windischengasse. Keine Tafel für Schiller, keine für Charlotte von Kalb, keine für Jean Paul. Sein Todestag: der 14. November 1825, und nur wenige Monate später nahm eine makabre Geschichte in Weimar ihren Lauf. Doch zunächst: Ein Zwischenspiel mit Denkmal.

Schiller war mir verhaßt

Von der Windischengasse zum Schillerhaus, zum Wittums-palais, zum Theater. Davor ein Denkmal: Goethe und Schiller in schönem Einklang vereint. Beider Dichterfürsten-Blick vielsagend in die Ferne gerichtet. Goethe hält den Lorbeer-kranz des gefeierten Dichters in der Hand, den er großzügig Schiller reicht, die andere legt er Schiller gönnerhaft auf die Schulter. In Wahrheit hätte sich Goethe dafür strecken müs-sen, denn Schiller war größer als er. Goethe und Schiller – das Denkmal einer Verklärung. Inschrift: »Dem Dichterpaar – Goe-the und Schiller – Das Vaterland«. Goethe und Schiller – eine Freundschaft? Das Denkmal ihrer Eintracht wird erst lange nach ihrem Tod errichtet werden.

Beider Anfang miteinander sah nicht nach einem Denkmal aus. Sprung ins Jahr 1788, in dem Goethe, zurück aus Italien, Christiane Vulpius traf. Goethes erste ausführliche Begegnung mit Schiller in Rudolstadt. Schiller: »Öfters um Goethe zu sein, würde mich unglücklich machen.« Goethe: »Schiller war mir verhaßt.« Goethes herablassende Eigenliebe stieß ihn ab. »Ich betrachte ihn wie eine stolze Prüde, der man ein Kind machen muß, um sie vor der Welt zu demütigen.« Goethe überging

Schiller mit Absicht, der bewundernd seine Nähe gesucht hatte. Danach mieden sie sich. *Die Räuber* vor allem waren Goethe ein Dorn im Auge, die Schiller berühmt gemacht hatten. Zuviel Sturm und Drang, zuviel Aufruhr, den Goethe längst hinter sich hatte. Schiller war der aufsteigende Stern, doch er war abgebrannt, für den Winter hatte er keinen Mantel. »Das verfluchte Geld!« Klamm war er immer. Er versuchte in Weimar unterzukommen, vom Hof unterstützt zu werden, doch Goethe litt das nicht. »Goethe kann keine Genies um sich brauchen.« Sein *Götz, Die Leiden des jungen Werthers* – für Goethe war das lange, sehr lange her. Er sah seine Weimarer Stellung bedroht. Zu sehr lag sein Schreiben im Argen. Ein Gleiches galt für Schiller. Nach seinem Anfangserfolg waren seine Bühnenstücke nicht allzugut gelaufen. Schiller hatte sich auf die einträglichere Geschichte verlegt. »Ich muß von Schriftstellerei leben, also auf das sehen, was einträgt.« Er schrieb an der *Geschichte des Abfalls der vereinigten Niederlande von der spanischen Regierung*. Das aber wurde für Goethe die Gelegenheit, Schiller loszuwerden. Weimar hatte die angereiste Berühmtheit Schiller neugierig aufgenommen, ihn von Empfang zu Empfang gereicht. Goethe hingegen war ihnen altbekannt, gewohnt. Doch Goethe sah Weimar als sein Weimar. Er schob den lästigen Mitbewerber um Weimars Gunst geschickt ab. Schiller brauchte ein Auskommen – Goethe vermittelte ihm einen Lehrstuhl für Geschichte in Jena. Nur weg mit ihm aus Weimar. 1789 trat Schiller an. Das Jahr der Französischen Revolution. Danach fünf Jahre Stille, dann begegneten sie sich erneut.

Zeitgeschehen. 14. Juli 1789, Sturm auf das Pariser Stadtgefängnis, die Bastille, das verhaßte Sinnbild willkürlicher Gewalt im Namen des Königs. Die Französische Revolution stürzte die Adelsherrschaft, deren Verschwendungssucht den einst reichen französischen Staat ruiniert hatte. Der Adel lebte steuerfrei, um aber die aufwendige königliche Hofhaltung dennoch weiter sorglos zu betreiben, war dem einfachen Volk immer mehr Geld abgepreßt worden. In Frankreich ging der Hunger um, und aus Hungeraufständen entwickelte sich die Revolution der Franzosen, die auch in Deutschland hohe Wellen schlug. Die meisten Gelehrten, Musiker, Schriftsteller begrüßten den Umsturz. Schon bald aber herrschte die Guillotine, deren erstes Modell ein deutscher Mechaniker namens Schmitt gebaut hatte. Der beklatschte Aufruhr wurde zur Schlachterei.

Der Räuberschiller war wie so viele von der Französischen Revolution zuerst angetan, Goethe dagegen lehnte sie weitsichtig ab. Er ahnte, daß sie in ausufernde Gewalt münden werde. Und die kam: Als der Umsturz drohte, auf ihre Herrschaftsgebiete überzugreifen, verbündete sich Österreich mit Preußen. Sie setzten Truppen in Marsch. Weimar leistete Gefolgschaft. Mit dabei: Goethe. Die Kampagne in Frankreich aber endete mit der Kanonade von Valmy. Goethe:»Von hier und heute geht eine neue Epoche der Weltgeschichte aus, und ihr könnt sagen, ihr seid dabei gewesen.« Die französischen Revolutionsarmeen hatten gesiegt, doch in den Aufstandswirren, dem drohenden Gegenangriff des französischen Adels im eigenen Land, dem Hunger, den Seuchen wurde die Revolution zum von Goethe vorausgesehenen grausamen Gemetzel, das auch Schiller rasch ernüchterte. Schillers Einsicht: Der schrecklichste der Schrecken, das ist der Mensch in seinem Wahn. Die fünf Jahre der Stille zwischen Goethe und Schiller gingen zu Ende.

Goethes Liebschaft mit Christiane Vulpius: Weimars Klatsch trieb Goethe immer öfter aus Weimar hinaus, vor allem nach Jena. Goethe nutzte die Hochschule für seine wissenschaftliche Arbeit, forschte über den Schädel, die Entwicklung der Pflanzen, besuchte Vorträge. Nach einem von ihnen traf er auf Schiller. Diesmal verstanden sie einander besser. Sie erkannten das Gleichgesinnte in sich. Schiller an Goethe:»Lange schon habe ich, obgleich aus ziemlicher Ferne, dem Gang Ihres Geistes zugesehen und den Weg, den Sie sich vorgezeichnet haben, immer mit erneuerter Bewunderung.« Das half. Sie gingen aufeinander zu, weil sie übereinstimmten. Grund eins der Annäherung: Sie

Schillerdenkmal
in Marbach
© *akg*

verabscheuten den Blutrausch der Französischen Revolution. »Gefährlich ist's den Leu zu wecken.« Gewalt erzeugt Gewalt. Grund zwei: Schlegel, Tieck, Novalis in Jena. »Die Jakobiner der Poesie.« Sie strebten nach der Revolution auch in der Kunst. Ihr Schlagwort: Romantik. Goethe und Schiller fanden ihr goldenes Zeitalter im klassischen Griechenland, jene dagegen in der deutschen Vergangenheit. Sie verherrlichten das Mittelalter der allein selig machenden Kirche, betrieben den Glauben bis zur Frömmelei, sammelten Sagen, entdeckten das Märchen wieder. Streit brach aus zwischen den Kunstlagern, der Goethe und Schiller aneinanderband. Klassik gegen Romantik. Gott gegen Götter. Goethe: »Das Klassische nenne ich das Gesunde, und das Romantische das Kranke.« Schiller lud Goethe ein, an seiner Zeitschrift *Die Horen* mitzuarbeiten, mit der er der aufkommenden Romantik entgegentrat. Goethe stimmte zu.

Goethe, Schiller und *Die Horen*: Beider Absicht war entgegen den Umsturzgedanken, das Wahre, Schöne, Gute zu befördern, den Menschen durch die Kunst zu erziehen, ihn eben nicht durch Gewalt zu Freiheit, Gleichheit, Brüderlichkeit zu prügeln. Ihr schöngemaltes Vorbild: die klassische, griechische Antike. Doch *Die Horen*, die bald schon als *Die Huren* verlacht wurden, waren ein Mißerfolg ganz und gar, und weil sie als rückständig, belehrend und hochnäsig abgelehnt wurden, schleuderten Schiller und Goethe ihren Feinden zu Hunderten bissig spitzzüngige Gedichte, die *Xenien*, hinterdrein. Widerreden duldete Goethe nicht. »Schlagt ihn tot, den Hund! Es ist ein

*Doppeldenkmal Goethe
und Schiller in Weimar*

Rezensent.« Die Angegriffenen wiederum ließen sich gleichfalls nicht lumpen, gaben ihnen fleißig zurück und schalten sie Sudelköche, Fürstenknechte, Speichellecker. Bedingungslos bekämpfen mußten sie ihre Gegner indes nicht, zu groß war trotz allem die Überlegenheit. Im Jahrzehnt zwischen ihrer Begegnung in Jena und Schillers Tod überstrahlte das Goethe-Schiller-Gespann alles und jeden.

Schiller und Goethe: Sahen sich die beiden nicht, schickten sie einander Briefe. Sie ergänzten sich, förderten sich. Beider Richtschnur, an der sich ihr Schreiben entlangtastete:»Wohlanständigkeit und Ordnung, Gerechtigkeit und Friede.« Goethe war umfassend gebildet. Er hatte über Jahre lieber geforscht als gedichtet, hatte Tausende und Abertausende von Mineralien, Büsten, Bildern gesammelt, hatte gemalt, seine Farbenlehre entwickelt, die Verwandlung der Pflanzen betrachtet und den menschlichen Zwischenkieferknochen gefunden, doch Schiller regte ihn nun zu mehr an. Goethe nahm den *Faust* wieder auf, und auch Schiller kehrte zu seinem eigentlichen Schreiben zurück, weil Goethe ihn vorantrieb: *Der Taucher, Der Handschuh, Die Kraniche des Ibykus, Der Ring des Polykrates, Der Gang nach dem Eisenhammer, Die Bürgschaft, Das Lied von der Glocke.* Beim Lesen der *Glocke* übrigens fiel Ludwig Tieck vor Lachen beinah vom Stuhl. Eine Ballade über die andere entstand. Und mehr noch: Schiller entwarf wieder Bühnenstücke. *Wallenstein* entstand. Zuerst *Wallensteins Lager*, das Goethe auf Weimars Bühne brachte, die er leitete.»In den nächsten acht Tagen ward

Friedrich Schiller um 1785,
Ölbild von Anton Graff

von nichts anderm gesprochen.« Goethe öffnete Schiller sein Theater. *Die Piccolomini* wurden gegeben, dann *Wallensteins Tod* und dann alle drei hintereinander weg. Weimars Theater bekam einen guten Ruf im Land. Schiller hatte zu seiner lange brachliegenden Kunst des Stückeschreibens zurückgefunden. Goethe über Schiller:»Ihr seid alle viel zu armselig und zu irdisch für ihn.«

Am 3. Dezember 1799 dann kehrte Schiller nach Weimar zurück. Zehn Jahre Jena waren vorbei. Goethe hatte ihn eingeladen, nach Weimar zu kommen. Einzug in das Haus in der Windischengasse, in das Haus des Perückenmachers Müller, in dem Charlotte von Kalb gelebt hatte. Schreibarbeit, Theaterarbeit, in die Goethe ihn einband. Von Weimars Bühne forderten die Zuschauer Rühr- und Sittenstückchen, platte Albernheiten, lustig Unterhaltendes. Schiller und Goethe aber sahen das Theater als Erziehungsanstalt hin zum Edlen, Schönen, Guten.»Das einzige Verhältnis gegen das Publikum, das einen nicht reuen kann, ist der Krieg.« Schiller gedachte ihnen heimzuleuchten. Den Schauspielern ebenso. Ihre Schludrigkeiten duldete er nicht. Zornausbruch auf Schwäbisch, den einer der Regisseure am Weimarer Haus, Anton Genast, überlieferte: »Ei was! mache Sie's, wie ich's Ihne sage und wie's der Goethe habbe will. Und er hat Recht – es ischt ä Graus, des ewige Vagiere mit dene Händ und das Hinaufpfeife bei der Rezitation!« Schiller setzte sich durch. *Maria Stuart, Die Braut von Messina, Die Jungfrau von Orleans, Wilhelm Tell,* der in nur sechs Wo-

J. W. von Goethe um 1819,
Gemälde von George Dawe

chen entstand: Schiller schrieb sich weiter nach oben. Gasend
faulende Äpfel in der Schreibtischschublade brauchte er nicht,
um sich anzuregen. Sie sind ein Gerücht, das auf Eckermann
zurückgeht. »Übrigens aber sind die dramatischen Arbeiten
auch die lukrativsten für mich, weil ich jedes Stück von meh-
rern Bühnen bezahlt bekomme.« Die Stücke verkauften sich
gut, und so sehr er im Vergleich mit dem Hofadel eingeschränkt
lebte – verglichen mit den Krämern, Bauern, Zofen gehörte er
nun zu Weimars Reichen. »So haben sich die Musen diesmal
gut aufgeführt.« Schiller war einer der am besten verdienenden
Bürger Weimars, und Schiller brauchte das Geld.

Auszug aus der Windischengasse in das Haus auf der Esplanade, das er bis zu seinem Tod abbezahlte. Das Haus wurde
sein Sterbehaus. Kaufpreis: 4200 Taler. »So teuer wohnt man in
unserm schlechten Nest.« Um die Summe aufzutreiben, stellte
er sich einen Arbeits- und Geldplan für die nächsten Jahre auf,
in dem er seine Einnahmen berechnete. »Jährlich ein Stück«
zu 650 Taler wollte er schreiben. Am 29. April 1802 zog er ein.
Im gleichen Jahr wurde er geadelt. Friedrich von Schiller. Sein
Zierdegen lehnt noch immer an der Wand bei seinem Schreibtisch, von dem er kaum noch wegkam. »Ich habe dieser Tage
endlich einen alten Wunsch realisiert, ein eigenes Haus zu
besitzen.« Er schrieb und schrieb. Sein Arbeitszimmer unterm
Dach schlug er mit grünen Tapeten aus, Bücherregale wurden
in die Schrägen eingefügt, ein Fenster in den Giebel gebrochen,
um Licht für den Schreibtisch zu haben, die Tür zum Schlaf-

Personenverzeichnis für ›Wilhelm Tell‹,
Reinschrift von Schiller, © *akg*

zimmer wurde durch eine schmale Tapetentür ersetzt. Für
sein Haus lieh er sich soviel wie möglich, kratzte zusammen,
borgte. Auch von Goethe. »Ich habe nun alle Gedanken an das
Wegziehen von Weimar aufgegeben und denke hier zu leben
und zu sterben.« Das wird so nicht bleiben.

In Weimar setzte Schiller Erfolg auf Erfolg. In sein Zimmer
drang während der zehrenden Schreibarbeit fast niemand vor.
Schon in Jena galt: »Zu Schiller geht man nicht.« Um in Ruhe
zu schreiben, richtete er sich weit vom Alltag des Hauses in der
Mansarde ein. Die vielen lästigen Besucher wurden abgewim-
melt. Mit den wenigen, die überhaupt vorgelassen wurden,
plauderte Schiller in seinem Empfangszimmer. »Göthen sehe
ich alle Tage«, galt indessen nicht mehr. »Es ist zu beklagen, daß
Goethe sein Hinschlendern so überhand nehmen läßt und weil
er abwechselnd alles treibt, sich auf nichts energisch konzentriert. Er ist jetzt ordentlich zu einem Mönch geworden und lebt
in einer bloßen Beschaulichkeit, die zwar keine abgezogene
ist, aber doch nicht nach außen produktiv wird. Seit einem
Vierteljahr hat er, ohne krank zu sein, das Haus, ja nicht einmal
mehr die Stube verlassen.« Der Schwung, den ihm Schiller
gegeben hatte, war verflogen. Schillers Ruhm verbreitete sich
wieder – Goethes stockte. Wurde auf Weimar geblickt, wurde
Schiller gesehen, nicht er. Der kurze Weg zwischen Esplanade
und Frauenplan wurde lang. Ihr Schreibpakt schien gekündigt.
Schiller fühlte sich zurückgewiesen, einsam, allein gelassen.
Der gegenseitige Ansporn fehlte ihm. »Allein kann ich nichts

machen.« Schiller wollte fort. Er hörte sich um. Ein Angebot erreichte ihn aus Berlin. Ihm wurde ein Vermögen geboten. 3000 Reichstaler. Weimar horchte erschreckt auf. Der Herzog erhöhte sein Gehalt gehörig, Schiller zögerte, bot an, mal in Weimar, mal in Berlin zu schreiben. Berlin lehnte ab, Schiller blieb in Weimar. Vorerst. Die Abreise war für ihn verschoben, nicht aufgehoben. »Es gefällt mir hier mit jedem Tag schlechter, und ich bin nicht willens in Weimar zu sterben.« Sein Wille erfüllte sich nicht. Nur ein Katzensprung vom Denkmal entfernt: Schillers Grab auf dem alten Friedhof. Einmal sahen sie sich doch noch. Goethes und Schillers letzte Begegnung, wenige Tage vor Schillers Tod. Goethe: »Ich fand ihn im Begriff ins Schauspiel zu gehen, wovon ich ihn nicht abhalten wollte: ein Mißbehagen hinderte mich, ihn zu begleiten, und so schieden wir vor seiner Haustüre, um uns niemals wieder zu sehen.« Als ihm die Todesbotschaft überbracht wurde, weinte er, wird gesagt. Goethe und Schiller – eine Freundschaft? Ihr Denkmal wird erst lange nach ihrem Tod errichtet werden, und selbst ihre nebeneinanderstehenden Särge sind nur ein schöner Schein. Zwischenspiel Ende.

Schillers Schädel

Schillers Bestattungen, Schillers Schädel: Die Geschichte, die sich um Schillers Knochen entspann, gleicht einem Verwirrspiel. Der Weg zu ihnen führte für gut zwei Jahrhunderte über die baumbestanden stille Welt des alten Friedhofs. An der Friedhofsmauer das Grab Charlotte von Steins, im Tod Goethe nahe. Christiane von Goethe, die von vielen geschmähte Vulpius, liegt weit weg auf dem Jakobsfriedhof. Ihre Grablege galt lange als verschollen. Erst über sechzig Jahre nach ihrem Tod wurde ihr eine Tafel gesetzt. Goethe hat sich wenig um ihr Grab gekümmert. Goethes Sarg steht den Weg hinauf in der Fürstengruft, daneben der Sarkophag mit der Aufschrift:»Schiller«. Einst in ihm: ein Gerippe, ein Schädel. Der Gang dahin: eine Wallfahrt. Andächtige Ruhe, stummes Gedenken, Neugier. Tausende, Abertausende haben sie besucht.

Schädel, Gebein, Bestattungen: Schnelldurchlauf einer langen Irrfahrt. Schillers elender Tod. Krank war er seit langem. »Die verwünschten Verstopfungen! Sie bringen mich alle Jahre um ein Trauerspiel.« Sein Sterben dauerte Tage. Am Abend des 1. Mai 1805 Schüttelfrost. An den Tagen danach erbrach Schiller. Von Fieber wurde gesprochen und Krämpfen. Er war bei klarem

131

Verstand, schlief schlecht, hustete, bis er nur noch stammelte. Blutegel wurden angesetzt, Spanische Fliege gegeben. Umsonst. Schiller röchelte nur noch. Er konnte den Schleim nicht abhusten. Angstanfälle. Ein Bad linderte die Schmerzen. Er schlief und sprach im Schlaf. Die Unruhe nahm zu, er stöhnte, Gesicht und Hände zuckten. Dann sein letzter Tag: Er erwachte nach unruhiger Nacht, klagte über Herzbeklemmungen, Angst, Todesangst. Noch einmal ein Bad, das ihn weiter schwächte. Schiller fiel in Ohnmacht, redete irr. Schließlich starb er in den Armen seines Dieners. Auf seinem Schreibtisch ein Blatt seines *Demetrius*, in den Schubladen keine faulen Äpfel.

Am Tag nach seinem Tod schnitten sie ihn auf. Die Rippenknorpel waren verknöchert, so der Bericht der Leichenschau, die rechte Lunge mit dem Brustfell von hinten nach vorne und selbst mit dem Herzbeutel verwachsen. Diese Lunge war faul und brandig. Die linke Lunge mit Eiterpunkten. Das Herz stellte einen leeren Beutel vor und hatte sehr viel Runzeln, war häutig, ohne Muskelsubstanz. Die Leber natürlich, nur die Ränder brandig. Die Gallenblase noch einmal so groß als im natürlichen Zustande und strotzend von Galle. Die Milz größer als sonst. Der Rand der Leber mit allen naheliegenden Teilen bis zum Rückgrat verwachsen. Die rechte und linke Niere aufgelöst und völlig verwachsen. Auf der rechten Seite alle Därme mit dem Bauchfell verwachsen. »Bei diesen Umständen muß man sich wundern, wie der arme Mann so lange hat leben können.« Lungenschwindsucht wurde angenommen, Arsenvergiftung, Entzündung des Bauchfells, Vereiterung des Rippenfells, Bleivergiftung, Verschlingung des Darms, Lungenentzündung. Friedrich von Schiller, geboren in Marbach, 11. November 1759, gestorben in Weimar, 9. Mai 1805.

Das aufreibende Schreiben, schlechtes Essen in frühen Jahren, die Armutsjahre, ungeklärte Fieberanfälle, die Verstopfungen. »Wenn ich doch nur eins Scheißen könnte!« Die Ausdünstungen einer höchst arsen- und bleihaltigen Tapete in Schillers Arbeitszimmer hatten den Tod befördert. Bei Feuchtigkeit wuchs in den Wänden ein Schimmelpilz, der das Gift freisetzte. Die Folge: Krämpfe, Verstopfungen, Fieber. Die für die Tapeten verwendete Farbe: Schweinfurter Grün, das später »giftgrün« genannt werden wird. Die Todesursache aber bleibt dennoch offen, Schillers Krankheiten sind kaum zu deuten. Die erste schwere Fiebererkrankung nach seiner Fahnenflucht aus Stuttgart. Schiller hatte *Die Räuber* geschrieben, die ihn berühmt gemacht hatten. »Mir ekelt vor diesem tintenklecksenden Säkulum.« »Pfui über das schlappe Kastratenjahrhundert.« »Hasen, Krüppel, lahme Hunde, seid ihr alle, wenn ihr das Herz nicht habt, etwas Großes zu wagen!« – Wenige Jahre vor dem grausamen Umsturz, der den französischen Adel unter bluttropfende Fallbeile legte, hatte Schillers Anklage einer verkommenen Adelswelt einen Begeisterungstaumel ausgelöst.

Rückblende: 13. Januar 1782. Die erste Aufführung der *Räuber* in Mannheim. Heimlich hatte sich der Soldat Schiller aus Stuttgart davongestohlen, um sie zu sehen, unerkannt hörte er den Beifallsstürmen zu, die immer wieder aufbrandeten. Am Ende Hochrufe. »Das Theater glich einem Irrenhause, rollende Augen, geballte Fäuste, heisere Aufschreie im Zuschauerraum. Fremde Menschen fielen einander schluchzend in die Arme, Frauen wankten, einer Ohnmacht nahe, zur Türe.« Schiller war zweiundzwanzig als *Die Räuber* aufgeführt wurden. Mit achtzehn hatte er sie begonnen, damals noch an der Militärischen Pflanzschule Herzog Karl Eugens von Württemberg. Nachts zumeist hatte er sie geschrieben. Er rauchte, schnupfte, trank Schankwein, um sich wachzuhalten. Morgens beim Antreten schwankte er vor Müdigkeit. Das Antreten war gefürchtet. Schiller, hochaufgeschossen, mußte sich die rotblonden Haare pudern. Dazu ein eingeflochtener Zopf, drei mit Gips verkleisterte Klebrollen an den Schläfen, Degen, Dreispitz, Stulpenstiefel, weiße Weste, ein blauer Rock, den Schiller nicht vorschriftsmäßig sauber hielt, die weißen Gamaschen stets voll Schuhwichse. Schiller war ungeschickt. Tanzen lag ihm nicht, beim Kegeln stellte er sich an, Pferde ritt er zuschanden, trug

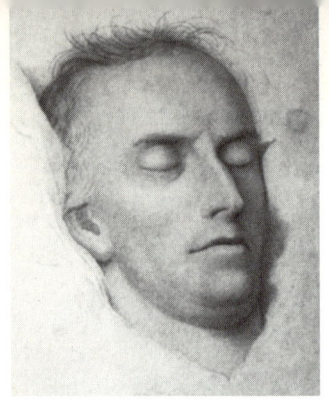

Schiller auf dem Totenbett,
Zeichnung von
Ferdinand Jagemann

er Gedichte vor, sprach er übertrieben gespreizt. Oft schritt der Herzog die Reihen selbst ab, legte Strafen fest. Prügel mit Rute oder Stock, Karzer oder kein Essen. Zwölf Weidenstockhiebe wurden Schiller übergezogen, weil er sich hungrig Geld für Brot geborgt hatte, vier Strafbillets kriegte er ins Knopfloch gesteckt. Eins, weil er zu Weihnachten mit einer Magd Kaffee getrunken hatte. Der Herzog über Friedrich Schiller: »Der wird schon noch.« Das Gerücht, er sei eines der vielen unehelichen Kinder des Herzogs, wird erst über zweihundert Jahre nach Schillers Tod widerlegt werden.

Schillers *Räuber* – sie waren sein Aufbegehren auch gegen die Jahre dieser Fron. Württemberg brauchte kluge Köpfe für die Armee, die Verwaltung, den Hof. Des Herzogs Schule kostete nichts, in die Schiller auf herzoglichen Befehl gesteckt worden war. Er, der strebte, Pfarrer zu werden, mußte ungefragt den Rechtswissenschaften beitreten. Er hangelte sich durch, doch der lähmende Drill setzte ihm zu. Er floh ins Kranksein. Ein bloßer Schmerzensmann aber war er nicht. Über die Jahre wurde er als fröhlich geschildert, voll Witz, doch immer wieder lag Schiller anfangs auf der Krankenstube. Einmal für fünf Wochen. Er war ein schlechter Schüler. Die Wende erst, als die Anstalt ein weiteres Fach erhielt, dem Schiller kurzerhand zugeteilt wurde: Medizin.

Schiller wußte, nur wenn er sich durch Fleiß, Nützlichkeit, Strebsamkeit empfahl, würde er dem Jammer rascher entkommen. Und er lernte, wurde besser und besser, las und las und

*Schillers Sterbezimmer
in Weimar*

begann zu schreiben. Dann die ersten Räubersätze, an denen er feilte, bis sie auf Schuldenrechnung erschienen. »In Tirannos«, gegen die Tyrannen. Die Schule hatte er da bereits verlassen. Er diente als Arzt im verrufenen Stuttgarter Regiment Augé, dessen verkrüppelte Soldaten Essen erbettelten. Die Truppe ohne Erlaubnis zu verlassen, war ihm verboten, doch als das Mannheimer Theater *Die Räuber* brachte, hielt ihn freilich nichts. Als er sich noch mal entfernte, um *Die Räuber* abermals zu sehen, reiste er nicht allein. Mit dabei waren Henriette von Wolzogen und seine Zimmerwirtin. Mit Damen – das sprach sich herum. Schiller flog auf. Der Herzog verhängte zwei Wochen Gewahrsam. »Ich sage, bei Strafe der Kassation schreibt Er keine Komödien mehr.« Schiller fällte eine Entscheidung. 22. September 1782: Flucht aus Württemberg. Andreas Streicher begleitete ihn. Er traf ihn frühmorgens wie vereinbart, doch er fand Schiller – lesend. Nichts war vorbereitet. Auf Fahnenflucht standen Spießrutenlaufen und Gasse. Er drängte Schiller zornig zum Aufbruch, doch umsonst. Schiller las ihm vor, dann schrieb er an einem Gedicht. Nachmittags erst packte er, abends dann war Schiller mitsamt Pistolen bereit. Eine mit zerbrochenem Schloß, eine ohne Feuerstein. Die sorglose Flucht gelang dennoch. Sie machte den bekannten Schiller berühmt. Beider Fluchtgeld aber hielt nicht lange vor. Sie trennten sich, und Schiller kam auf dem Gut der Wolzogens in Bauerbach bei Meiningen unter. Von Ritter nannte er sich, um unentdeckt zu bleiben.

Vom Schreiben leben – ein gewagtes Unterfangen. Sein

Fiesko war kopfschüttelnd abgelehnt worden. Nun entwarf er *Don Carlos* und saß an *Kabale und Liebe*, das Mannheim annahm. Für ein Jahr wurde er angestellt. 1783 bis 1784: das Jahr, in dem Schiller erstmals ernsthaft erkrankte. Ihn ereilte ein Wechselfieber, das aus den sumpfigen Wallgräben in die Stadt kroch. Schiller war ein Kranker unter Tausenden. »Ich lebe erbärmlich genug, um das Fieber vom Hals zu schütteln. Schon vierzehn Tage habe ich weder Fleisch noch Fleischbrühe gesehen. Wassersuppe heute, Wassersuppe morgen, und dieses geht so mittags wie abends. Allenfalls gelbe Rüben oder saure Kartoffeln. Fieberrinde eß ich wie Brot.« Inmitten der Hungerkur die Schreibarbeit. Schiller fürchtete, daß ihm das Fieber auf Lebenszeit einen Stoß versetzt hatte. Mit Recht. Das über Wochen und Wochen noch mal und noch mal aufkommende Fieber wurde der erste Nagel seines Sarges. Ein zweiter sollte ihm Jahre später eingeschlagen werden, doch am Tag nach Schillers Tod waren dies nurmehr verwehende Erinnerungen.

Der Tag danach: der 10. Mai 1805. Bevor er aufgeschnitten wurde, war Schiller gezeichnet worden, dann nahm Ludwig Klauer eine Totenmaske ab. Aus ihr stellte er Gesichtsabgüsse her. Einen aus Gips, einen aus Ton. Zwei Tage lag Schiller, bis sein Sarg angefertigt war, dann wurde er hineingebettet. 12. Mai 1805, kurz nach Mitternacht. Schillers erste Bestattung. Das Verwirrspiel begann. Friedrich Schillers Leiche wurde zum Weimarer Jakobsfriedhof getragen, um im Kassengewölbe beigesetzt zu werden, einer Gruft für angesehene Weimarer, die keine eigene Grablege hatten. Ein Massengrab. Wolkenfetzen zogen über den Himmel, manchmal trat der Mond hervor, die Straßen waren totenstill, eine trübe Mainacht. Die Schneidergilde war für das Schleppen von Särgen eingeteilt, doch das wurde verhindert. Karl Schwabe, der Schiller verehrte, rief mühsam Träger zusammen, die den Toten kannten. Sie gaben ihm das Geleit. Vor der Tür seines Hauses nahmen sie den Sarg auf. Schwabe: »So ging unser Zug durch die Esplanade, über den Markt, durch die Jakobsgasse auf den alten Kirchhof vor der St.-Jakobs-Kirche, nach dem auf ersterm befindlichen Kassengewölbe, vor welchem wir den Sarg niedersetzten. Das Gewölbe wurde geöffnet, und der Totengräber mit dreien seiner Gehilfen trugen ihn hinein, öffneten hier eine Falltür, und der teure Tote wurde in die unterirdische, dunkle, von keinem Lichtstrahl erhellte Gruft an Seilen hinabgesenkt, so den hier schon Begrabenen beigesellt, die Falltür wieder niedergelassen und dann das äußere Tor des Gewölbes verschlossen. Kein Trauergesang, kein Wort.« Einer der Träger erinnerte sich: »Der hinter mir mahnt mich zu tragen, und ich sehe, daß es allen schwer ist, und ich tue mein möglichstes. Alle klagen; jeder glaubt, den schlimmsten Platz zu haben. Die Pausen werden immer länger. Ich finde endlich einen, der mich ablöst.« Die Leiche Friedrich Schillers war schwer, der Sarg nicht. Er war aus dünnem Holz, das rasch verfiel. 18 Taler, 20 Groschen hatte der Zimmermann für ihn genommen. 114 Taler, 17 Groschen, drei Pfennige waren insgesamt zu zahlen, für den Kapellendiener, den Nachtwächter, Schlosser, Tischler, Flaschner. Die Scheibe einer Laterne war zerbrochen. Sie kostete zusätzlich. Das meiste bekam der Stadtkirchner für den Geistlichen der Begräbnisfeier am Nachmittag darauf. Gespielt wurde aus Mozarts *Requiem*. Der Geistliche sprach nur kurz. Friedrich Wilhelm Riemer, Goethes späterer Sekretär:»Geradeheraus: eine Salbaderei, deren er sich zu schämen hat.« Die Kirche war voll, die Trauergäste standen bis ins Freie. Emilie, Schillers kleine Tochter, war vergnügt. Ihr fröhlich munteres Lachen schnürte der Trauergemeinde das Herz zusammen, dann wurde Schillers Leiche begraben. Kein Gedenkstein wurde ihr gesetzt. In Weimar sprach bald niemand mehr von ihm. Christian August Vulpius, der Bruder Christiane von Goethes:»Die Menschen sind hier gar sonderbar! Es ist schon, als wenn gar kein Schiller unter ihnen gelebt hätte.« Johann Wilhelm von Archenholz:»Schrecklich. Diese Übereilung mit der Beerdigung, die durch keine warme Witterung notwendig gemacht wurde! Diese äußerste Stille! Diese Mitternachtsstunde, wie bei dem Begräbnis eines an der Pest Verstorbenen!« Schillers Gebeine waren dem Vergessen anheimgegeben. Die Botschaft seines Todes aber verbreitete sich rasch, und diesmal war sie kein Gerücht wie Jahre zuvor. Der zweite Nagel zu Schillers Sarg. Zurück in der Zeit. 1784. Gut zwanzig Jahre vor seinem Tod. Friedrich Schiller lebte vom Schreiben, wenn auch anders als einst gewünscht. Mannheim hatte ihm stillschweigend aufgekündigt. Schiller stand vor dem Nichts. Sein Trost: die Arme der Charlotte von Kalb, die er in Mannheim kennenlernte. Sie stellte ihn Herzog Carl August von Weimar-Sachsen-Eisenach vor. »Mit vielem Vergnügen, lieber Herr Doktor Schiller, erteile ich Ihnen den Charakter als Rat in meinen Diensten.« Keine Anstellung, kein Geld. Ein Titel, mehr nicht. Gut drei Jahre später aber wird Schiller dennoch in Weimar stehen. Die Wegmarken der Reise dorthin: Von Mannheim über Leipzig nach Gohlis, dann nach Dresden. Ein ihm unbekannter Bewunderer hatte Geld für die Reise und das Abzahlen der Schulden geschickt: Christian Gottfried Körner, der ihn freihielt. Schiller fühlte sich gut aufgehoben, er versuchte sich über Wasser zu halten, gab die Zeitschrift *Thalia* heraus, *Don Carlos* wurde aufgeführt, *An die Freude* entstand. Im ganzen gute Jahre, die dennoch unglücklich endeten mit der vergeblichen Liebe zu Henriette von Arnim. Schwarzes Haar, glutvolle Augen, eine Schönheit, so jung wie heiratswillig. Schiller, blind und toll, warb aussichtslos um sie. Was er hatte, war Ansehen, was er nicht hatte, war Geld. Er trank, bis der Magen schmerzte, dann reiste er ab. Erste Ankunft in Weimar, Sommer 1787. Charlotte von Kalb nahm sich liebesfroh seiner an.

Bei den artigen Tees, den feinen Einladungen war der Räuberdichter nur zu gern gesehen. »Die Schriftstellerei wütet in dieser Stadt gleich einer Seuche, die beide Geschlechter angesteckt hat und niemand verschonet, der Finger und Feder rühren kann.« Schiller hoffte auf Goethe – der nicht da war. Italienische Reise. Ohne Goethe aber war Weimar nichts. Von langem Bleiben bei Schiller zuerst keine Spur. »Ich werde hier keine vernünftige Zeile machen.« Statt dessen gab er sich bissig, schimpfte auf Weimar, lästerte über Corona Schröter, die einst vielbegehrte, mit der er sich späterhin dann doch befreundete. Christoph Martin Wieland, Johann Gottfried Herder – Charlotte von Kalb reichte Schiller herum. Doch nicht sie war die Dame der Weimarer Tage. Im nahen Rudolstadt lernte Schiller die Lengefelds kennen. Zuerst neigte er sich Caroline entgegen, die aber verheiratet war. Nicht so ihre Schwester Charlotte. »Doppelliebe«, flüsterte die abgelegte Kalb herum. Ein Jahr war Schiller bereits im Weimarer Land. Und er blieb. Er rückte näher an die Lengefelds, zog erst nach Volkstädt, dann ganz nach Rudolstadt.

Zur Erinnerung: 6. September 1788: Charlotte von Lengefeld besuchte das Gut der Charlotte von Stein in Großkochberg. Gast des Wasserschlosses war Johann Wolfgang von Goethe. Er war aus Italien zurück. Sie lud ihn ein, nach Weimar den Weg über Rudolstadt zu nehmen. Am Tag darauf Begegnung Schillers mit Goethe. Sie konnten sich nicht ausstehen. Klammheimliche Abschiebung Schillers durch Goethe nach Jena. Der Lehrstuhl für Geschichte in Jena, der anfangs gar nicht, später nur mäßig bezahlt wurde. Er hoffte, daß Schiller aufgeben und abreisen würde. Schiller aber blieb. Er brauchte sicheren Stand, denn die Heirat mit Charlotte von Lengefeld stand an, die für ihn ihren Adelstitel aufgab. Das Weimarer Land wollte sie nicht verlassen, und so blieb auch er. Schiller in Jena. Zehn lange Jahre. Er schrieb *Über Anmut und Würde*, *Vom Erhabenen*, *Über die ästhetische Erziehung des Menschen*, das Fallbeil sauste in Frankreich, in dem er für *Die Räuber* mit dem Bürgerrecht geehrt wurde. Zu der Zeit aber war Schiller schon längst schwer erkrankt.

3. Januar 1791. Der zweite Sargnagel. Ein Abstecher nach Erfurt, das ihn für die *Geschichte des Dreißigjährigen Krieges* ehrend empfing. Am Abend überfiel ihn inmitten eines Konzerts heftiges Fieber, Schiller krampfte vor Husten, er fiel in Ohnmacht, wurde in einer Sänfte in seine Unterkunft gebracht.

Charlotte von Schiller, geb. von Lengefeld, Gemälde von Ludovike Simanowitz

Das Rippenfell war entzündet, doch er erholte sich, kehrte über Weimar nach Jena zurück, das Fieber aber ereilte ihn bald wieder. Er spuckte Blut, hustete Eiter, hatte Atemnot, Schüttelfrost, Magenschmerzen. Sechs Tage ohne zu essen schwächten ihn bis zur Ohnmacht, die ihn anfiel, sooft er aufstand. Er war dem Tod nahe, dem er nach Tagen erst mühsam entschlüpfte. Schiller erholte sich langsam, doch die Beschwerden verschwanden nicht. Ihm blieben Stiche in der Brust beim Atemholen, Husten, Beklemmungen. Wochen später ein Rückfall. Fieber, Frost, seine Glieder erkalteten, der Kreislauf gab nach, der Eiter am Zwerchfell brach zum Unterleib durch. Das Gerücht von seinem Tod verbreitete sich überall im Land, doch zu früh, denn Schiller überlebte. Für diesmal. Die Leiden aber wurde er bis ans Ende nicht mehr völlig los. Vierzehn Jahre später brachten sie ihn ins Grab.

Erst Jena, dann sein Wechsel zurück nach Weimar, sein Aufstieg, sein früher Tod – Schillers letzte Jahre sind die Geschichte der Jahre mit Goethe. Sie begann in Jena, als beide sich denn doch einander annäherten. Mit Schiller war in Jena wenig pfleglich umgegangen worden. Bei seinem Empfang wurde ihm noch zugejubelt, bei seiner Antrittsvorlesung noch geklopft. Dann nicht mehr. Die Hörer blieben aus, die Schulden wuchsen. Schiller dachte an Abreise, doch er blieb, als er nun doch ein brauchbares Gehalt bekam. Der Herzog wollte ihn halten. In den Tagen vom 20. bis 23. Juli 1794 begegneten sich Schiller und Goethe. Die Geburtsstunde der zehn Jahre

Goethe-Schiller-Gruft
in Weimar © akg.

Weimarer Klassik, die mit Schillers Tod endeten, der sich ihm im Winter auf 1805 naßkalt näherte. Die Feuchtigkeit drang in die Mauern des Schillerhauses. Einmal mehr erkrankte Schiller. Die giftgrünen Tapeten wirkten, die Krämpfe kamen. Schiller wünschte sich den Tod. »Ich halte es nicht mehr aus, wenn es nur schon aus wäre.« Aber er überstand auch das. Er erholte sich, setzte sich an den *Demetrius*, aus dem zwischen Tintenglas und Tabaksdose nach seinem Tod ein Blatt auf seinen Schreibtisch gelegt wurde, um an die letzten Zeilen zu erinnern, die er geschrieben hatte. Wochenlang hütete er das Bett. Die Wärme des Frühjahrs brachte Besserung. Am Abend des 29. April 1805 verließ Schiller das Haus. Er begegnete Goethe, sie verabschiedeten sich beiläufig, dann ging Schiller ins Theater, doch das Fieber fiel ihn wieder an. Seine Sterbetage hatten begonnen. Goethe besuchte ihn nicht. Er gab an, selbst erkrankt zu sein. 9. Mai 1805: Friedrich von Schiller tot. »Wenn mir nur Leben und leidliche Gesundheit bis zum 50. Jahr aushält.« Fünfundvierzig wurde er. Er wurde versenkt, begraben, vergessen. Zwanzig Jahre lang.

Das Jahr 1826. Die Stimmen zu seinem heimlichen Begräbnis waren nie ganz verstummt, vor allem Andreas Streicher, mit dem Schiller einst aus Württemberg geflohen war, mahnte eindringlich eine würdigere Begräbnisstätte an. Das Kassengewölbe, in dem weiter Sarg auf Sarg gestapelt worden war, konnte keine Toten mehr fassen, der Bau zerfiel. Im Frühjahr wurde Schillers Sarg gesucht. Schiller war großgewachsen. Sie suchten einen großen Sarg. Mit dabei: Karl Schwabe, unterdessen Bürgermeister von Weimar. Sie stiegen in das Gewölbe ein, doch von Schillers Sarg keine Spur. Nichts wies auf ihn hin. Karl Schwabe gab nicht auf. Erneuter Einstieg. Die Suche sprach sich herum. Sie wurde mißbilligt. Die Ruhe der Toten ist heilig. Um kein weiteres Aufsehen zu erregen, gingen sie nur noch nachts hinunter, um zumindest nach Schillers Schädel zu suchen. Die wenigen gut erhaltenen Särge wurden zusammen mit ausgesonderten Knochen an Seilen aus der Gruft gezogen und in die Vorhalle gelegt. Tagelang standen sie dort, vor gaffenden Blicken nur notdürftig verborgen. Weil noch immer nichts zu finden war, wurde die Suche unterbrochen, und der Tischler geholt, der Schillers Sarg gemacht hatte. Auch dies war vergeblich. Auch er konnte nicht helfen.

Die wenigen Namensschilder, die sie im Grabschutt fanden, boten keinen Hinweis. Die Suche wurde abgebrochen, doch noch einmal stieg Karl Schwabe in das Kassengewölbe hinab. Die Mitsuchenden wurden zu Stillschweigen verpflichtet. Sie kamen einzeln und ohne Laternen zum Jakobsfriedhof, um nicht aufzufallen. Nur in der Gruft wurden einige Lichter angezündet, deren Schein nicht nach außen drang. Karl Schwabe saß auf der Leiter zum Gewölbe. Er überwachte die Suche, ordnete an, die Sargtrümmer in einer Ecke aufzuschichten, gefundene Knochen und Schädel zu einem Haufen zu türmen. Sie rauchten gegen den Fäulnisgestank an, gruben und wühlten. Dreiundzwanzig Schädel wurden gefunden, in einen Sack gesteckt und herausgetragen. Karl Schwabes Erinnerung: »In meiner Behausung angekommen, stellte ich alle dreiundzwanzig Schädel auf einer Tafel auf. Unter ihnen zeichnete sich einer vor allen andern durch seine Größe aus und daß er mit schönen, wohl erhaltenen Zähnen versehen war.« Er hatte eine Eingebung: Schiller war groß, der größte Schädel mußte der von Schiller sein. Er benutzte eine der beiden Totenmasken, die aus Ton. Er maß und verglich sie mit dem Schädel, den er ausgewählt hatte. Sein Urteil wurde bestätigt, der Schädel für echt erklärt. Da die Kinnlade fehlte, stiegen sie nochmals ein. Dem Schädel, den er für Schillers hielt, fehlte ein einziger Zahn. Schillers einstiger Diener bestätigte, daß Schiller nie an Zahnweh gelitten habe. Ein weiterer Diener gab an, nur ein Zahn sei Schiller je gezogen worden. Schillers Gebiß galt zu seinen Lebzeiten als ungewöhnlich schön. Karl Schwabe war sich sicher, den richtigen Schädel gefunden zu haben, doch Zweifel blieben.

Ein halbes Jahr später. Karl Schwabe mußte Goethe den Schädel ausliefern. In der Anna-Amalia-Bibliothek war eine Schillerbüste bereitgestellt worden, in deren Sockel ein verschließbares Fach. Die Stimmen gegen das unwürdige Begräbnis Schillers hatten gefruchtet. Diese Ruhestätte des Schädels wurde für angemessen gehalten. Bei der Überführung des Schädels waren nur wenige Teilnehmer zugelassen. Goethes Sohn August hielt die Feierrede, die Goethe aufgesetzt hatte. Er schützte vor, zu erschüttert für eine Totenfeier zu sein. In Wahrheit machte er einen Ausflug, ging spazieren, verweilte mit Vergnügen, wie er schrieb. Tage später erging Goethes Befehl, in der Gruft nach Schillers restlichen Gebeinen zu suchen. Die Suche begann, ein Gerippe wurde zusammengestellt. Einundachtzig Einzelknochen insgesamt. Johann Wolfgang von Goethe ordnete an, ihm den Totenschädel aus der Bibliothek zu bringen. Am selben Abend begann er das Gedicht *Bei Betrachtung von Schillers Schädel*. Bald darauf war die Suche nach Schillers Gerippe abgeschlossen. Die Knochen wurden in der Bibliothek verwahrt. Schillers zweite Bestattung. Der Schädel aber blieb bei Goethe. Er legte ihn auf ein blausamtenes Kissen, gab einen abnehmbaren Glassturz in Auftrag, stellte ihn in sein Arbeitszimmer. Schillers Schädel auf Goethes Schreibtisch – monatelang. Goethe drängte auf ein gemeinsames Grabmal für sich und Schiller. Er äußerte Wünsche und Vorstellungen. Das Grabmal wurde entworfen, doch die Ausführung unterblieb.

Ein Jahr später, Sommer 1827. Der bayerische König Ludwig wünschte Schillers Schädel zu sehen. Ihm wurde ein Schädel

Goethe mit Schillers Schädel, Gustav Heinrich Eberlein 1898
© dpa Picture Alliance

gezeigt, der in die Bibliothek gestellt worden war. Die Aufbe-
wahrung aber mißfiel ihm. Um die Totenruhe nicht beständig
zu stören, wurde ein Abguß des Schädels angeordnet. Er erfolg-
te im Auftrag Goethes durch Johann Peter Kauffmann. Für die
Form und drei Ausgüsse wurden fünf Taler fällig. Der Kauff-
mannsche Abguß aber unterschied sich insbesondere durch
die Neigung der Stirn von den ursprünglichen beiden Totenmasken. Dennoch gingen die Nachgüsse als »Schillerschädel«
in alle Welt. Ob Kauffmann den Schwabschen Schädel nicht
sorgfältig abgegossen hat oder einen in Goethes Auftrag gerei-
nigten Schädel eines Fremden für den Abguß nahm, ist nicht
geklärt. Der gegen Goethe erhobene Vorwurf: Um Schillers
Schädel zu behalten, habe er die Schädel vertauscht. Der Kauff-
mannsche Abguß sei an einem dem Schillerschen ähnlichen
Schädel erfolgt, dem ursprünglich acht Zähne fehlten. Sieben
Zähne seien an den Wurzeln passend zugefeilt und den leeren
Zahntaschen eingesetzt worden, eine Zahntasche sei absicht-
lich freigeblieben. Er gleiche damit dem Schädel, den Schwabe
für echt hielt. Ob ein gefälschter Schädel oder der von Schwabe
gefundene Schädel von Goethe in die Holzsäule der Bibliothek
zurückgestellt wurde, ist nicht geklärt. Das »Huronenmäßige«
der Schädelbestattung aber erregte weiter Anstoß.

Ende des Jahres wurde daher die herzogliche Erlaubnis
erteilt, den Schädel und das zusammengesuchte Gerippe in
einem Sarkophag in der Weimarer Fürstengruft beizusetzen.
Die Gebeine wurden überführt. Eine verstohlene Beisetzung in

den frühen Morgenstunden. Wiederum begleiteten nur wenige den Sarg. Diesmal trugen ihn Handwerker. An der Kopfseite des neuen Sarkophags wurde das Wort »Schiller« in schwarzen eisernen Buchstaben angebracht. Die Gebeine lagen auf einer mit Kräutern versetzten Seegrasunterlage, die mit roter Leinwand überzogen war. Bedeckt wurden sie mit einer roten Decke, die gleichfalls mit Seegras und Kräutern gefüllt war. Im Schein der flackernden Kerzen bestätigte Karl Schwabe nach kurzem Blick die Echtheit des Schädels. Schillers dritte Bestattung. Der Schlüssel zum Sarkophag wurde dem abermals abwesenden Johann Wolfgang von Goethe ausgehändigt. Erst mehr als zwei Jahre danach übergab er den Schlüssel zur Verwahrung an die Großherzogliche Bibliothek. Weitere zwei Jahre später starb Johann Wolfgang von Goethe am 22. März 1832. Vier Tage darauf wurde er neben dem Schillersarkophag bestattet.

Die Zweifel an der Echtheit des Schillerschädels indes bestanden weiter. Fünfzig Jahre ruhte die Frage nach Schädel und Knochen, bis die beiden ursprünglichen Totenmasken in die Hand des Anatomen Hermann Welcker gelangten. Sie wiesen wie alle Bilder, die Schiller zeigen, eine schmale, vorspringende Nase unter einer senkrechten Stirn auf. Er hielt daher beide Masken für echt. Sie waren aber unterschiedlich groß. Er stellte fest, daß die Tonmaske kleiner war als die Gipsmaske. Welcker erklärte den Größenunterschied mit der Schrumpfung des Tons beim Brennen. Er schloß daraus, daß die Gipsmaske

Das Schillerhaus
an der »Esplanade«

den richtigen Schillerkopf zeige. Da Welcker davon ausging, daß Schwabe den Schädel für echt gehalten hatte, nachdem er ihn mit der Ton-, nicht mit der Gipsmaske verglichen hatte, erklärte Welcker: Der in der Fürstengruft beigesetzte Schädel sei nicht Schillers Schädel. Die andauernde Wallfahrt zu Schillers Sarkophag in der Fürstengruft gelte den falschen Gebeinen. Die Schillerverehrer waren empört.

Gut dreißig Jahre später. Die Verwirrung wuchs. Der Weimarer Gelehrte August von Froriep folgte Welckers Ergebnis: Bürgermeister Schwabe habe nicht den richtigen Schädel gefunden. Im Gegensatz zu Welcker glaubte er jedoch umgekehrt, daß die größere Gipsmaske durch das Auftragen quellenden Gipses auf die Tonmaske hergestellt worden war und daher die Tonmaske den richtigen Schillerkopf zeige. Ein Vergleich mit den Gebeinen des Schillersarkophags war auch ihm nicht möglich. Die Öffnung des Sarkophags wurde ihm, wie schon Welcker, verweigert. Gezwungenermaßen verglich er daher die kleinere Tonmaske mit dem ohnehin zweifelhaften Kaufmannschen Schädelabguß. Beide paßten nicht zueinander. Froriep schloß daraus: der Schädel in der Fürstengruft könne nicht Schillers Schädel sein. Sei der richtige Schädel aber nicht in der Fürstengruft begraben, müsse Schillers Schädel noch immer in der Erde des eingeebneten Kassengewölbes auf dem Jakobsfriedhof liegen. Das zerstörte Massengrab wurde ausgehoben. Froriep barg dreiundsechzig Schädel. Einer glich der kleineren Tonmaske. Froriep hielt nun ihn für Schillers

Schillers Schreibtisch in seinem Wohnhaus in Weimar

Schädel. Wiederum wurden zum Schädel passende Knochen gesucht, ein Gerippe wurde zusammengestellt, und wiederum wurde Erlaubnis erteilt, diese in der Fürstengruft zu bestatten. Ein zweiter namenloser Sarkophag wurde aufgestellt. Abseits genug, um unauffällig zu bleiben. Schillers vierte Beisetzung.

Weimar, 1944, Kriegsende. Zum Schutz vor Bombenangriffen wurden Goethes und Schillers Sarkophage auf Befehl des Gauleiters aus der Fürstengruft in einen Jenaer Luftschutzbunker gebracht. Die amerikanischen Truppen rückten auf Jena vor. Hitlers Befehl war ergangen, alle dem Feind nutzbaren Anlagen zu zerstören, alles Kulturgut zu beseitigen. Der flüchtende Gauleiter gab daher Weisung, beide Sarkophage der Vernichtung zu übergeben. Die Anweisung aber wurde mißachtet, die beiden Särge hinter Schränken versteckt. Der eintreffende Vernichtungstrupp suchte die Särge vergebens. Die Zeit lief ihnen davon, Jena wurde von den amerikanischen Truppen besetzt, sie rückten ab. Mit den amerikanischen Streitkräften aber kam der aus Deutschland geflohene Jude Emil Ludwig nach Weimar, der in der Weimarer Fürstengruft einen Kranz an die Sarkophage legen wollte, die er dort nicht vorfand. Er machte sich auf die Suche, wurde nach Jena verwiesen, fand den Bunker, verschaffte sich Zugang und entdeckte die übereinandergestellten Särge. Die Sarkophage Goethes und Schillers wurden auf einem kleinen offenen Lastwagen in die Fürstengruft zurückgebracht. Schillers fünfte Bestattung.

Wieder gut fünfzehn Jahre der Ruhe, dann erzwangen Fäulnisschäden am Schiller-Sarkophag dessen Öffnung. Auch der namenlose Sarkophag wurde geöffnet. Der auf Gesichtsrekonstruktionen spezialisierte Russe Michail Gerassimow wurde gebeten, die eingesargten Überreste zu prüfen. Er nahm von beiden Schädeln Abdrücke und fertigte daraus Abgüsse. Er überzog sie mit Knetwachs, aus dem er die Weichteile der Gesichter nachformte. Die Weichteilstärke über festgelegten Gesichtsmeßpunkten hängt ab von Geschlecht, Alter, Ernährungszustand, Krankheit, Rasse. Gerassimow stellte fest, daß die Hirnschale des mit der kleineren Tonmaske verglichenen Froriepschen Schädels aus dem namenlosen Sarkophag einer Frau gehört haben muß. Auch der beigelegte Unterkiefer passe nicht zum Oberkiefer. Er erklärte deshalb den Froriepschen Schädel für falsch. Seine Gesichtsnachbildung des Schädels aus dem Schillersarkophag ergab indes eine Ähnlichkeit mit den Bildern, die Schiller zeigen, und mit den ursprünglichen beiden Totenmasken. Gerassimow erklärte den Schädel gegen Welcker und gegen Froriep daher für echt. Um Weimars Ruf nicht zu beschädigen, war in ostdeutschen Tagen ein anderes Ergebnis ohnehin nicht erwünscht. Beide Sarkophage wurden mitsamt Schädeln und Knochen verschlossen. Schillers sechste Bestattung. Was Gerassimow verschwieg: Dem aus der Bibliothek entnommenen, in die Fürstengruft überführten Schädel, den er für echt erklärte, fehlten ursprünglich tatsächlich acht Zähne, die bis auf einen ersetzt wurden. Schwabes Beschreibung des von ihm gefundenen Schädels aber sprach nur von einem fehlenden Zahn. Die Fälschung wurde entdeckt, doch verschwiegen. Die zwei Schädel, zwei Gerippe, zwei Särge blieben wie vorher weiter in der Fürstengruft.

Weimar 2006. Beide Schillersarkophage wurden abermals geöffnet, Schädel und Gebeine entnommen, um deren Echtheit festzustellen. Der Schlüssel zur Erkenntnis diesmal: Erbgutuntersuchungen, für die alles Verfügbare herangezogen wurde. Die Schädel, die Knochen, Haarbüschel, die Schiller zugeschrieben werden, die Totenmasken, Gemälde, die Schiller zeigen. Die Überreste von Schillers Schwester Christophine wurden ausgegraben, die Nachkommen seiner Schwester wurden aufgespürt, deren Blut untersucht. Weibliche Blutlinien sind für Erbgutuntersuchungen entscheidend. Fast zwei Jahre dauerten die unabhängigen Gutachten, dann waren die Zweifel um die Schillerschädel beseitigt. Keiner von beiden war von Schiller, die Gerippe wurden wahllos zusammengesetzt. Der Schädel aus dem Schillersarkophag gehörte einem Unbekannten, der aus dem namenlosen Sarkophag einer Frau. Vergleiche legten nahe: es ist der Schädel der verwachsenen, doch blitzgescheiten Hofdame der Herzogin Anna Amalia, der von Schiller geschätzten Luise von Göchhausen, deren Abschrift Goethes *Urfaust* rettete. Schillers Gräber sind nicht Schillers Grab. Ende der Irrfahrt. Vorerst. Noch ist Schillers Schädel nicht gefunden. Zurück bleibt Johann Wolfgang von Goethe in der Fürstengruft. Schillers Sarg ist leer.

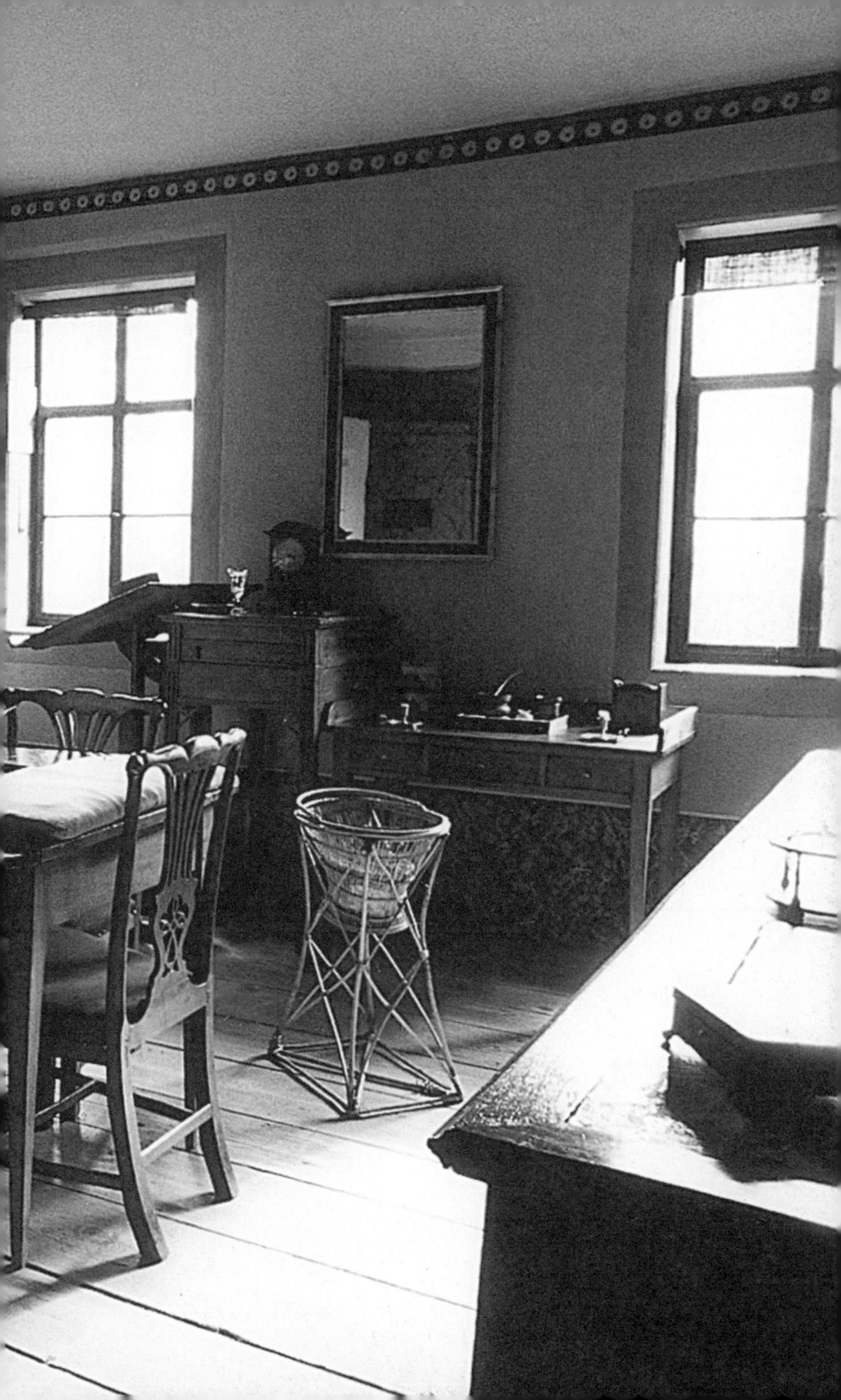

Adressen

Allgemeine Auskünfte zu Öffnungszeiten, Eintrittspreisen, Adressen und Telefonnummern erteilt die Klassik Stiftung Weimar, *Besucherinformation*, info@klassik-stiftung.de, Tel. 03 643–545–401, -402, -403, Fax 03 643–419 816, Frauentorstr. 4, von Montag bis Freitag von 10 bis 16 Uhr. Samstag, Sonntag und Feiertage geschlossen. www.klassik-stiftung.de.

Außer an den jeweiligen Tageskassen erhalten Sie Eintrittskarten für die Museen und Veranstaltungen der Klassik Stiftung Weimar am Informationsstand in der Tourist-Information Weimar, Tel. 03 643–545–407, Fax 03 643–545–409, Markt 10, 99 423 Weimar, von April bis Oktober von Montag bis Freitag von 9.30 bis 18 Uhr und Samstag bis Sonntag von 9.30 bis 15 Uhr. Von November bis März von Montag bis Freitag von 9.30 bis 16 Uhr, Samstag bis Sonntag von 9.30 bis 14 Uhr.

Goethes Gartenhaus, Im Park an der Ilm, 99 425 Weimar, Tel. 03 643–545–375, ist von April bis Oktober von Montag bis Sonntag von 10 bis 18 Uhr, von November bis März von Montag bis Sonntag von 10 bis 16 Uhr geöffnet. Eine öffentliche Führung findet von April bis November am Samstag um 11 Uhr statt.

Das Wasserschloß der Frau von Stein, *Schloß Kochberg*, Im Schloßhof 3, 07 407 Großkochberg, Tel. 036 743–22 532, ist von April bis Oktober von Dienstag bis Sonntag von 10 bis 18 Uhr geöffnet. Montag geschlossen. Von November bis März ist das Museum geschlossen. Der Park des Schlosses ist ganzjährig zugänglich.

Goethes Wohnhaus, Frauenplan 1, 99 423 Weimar, Telefon 03 643–545–347, ist von April bis September von Dienstag bis Sonntag von 9 bis 18 Uhr, Samstag von 9 bis 19 Uhr, im Oktober

Dienstag bis Sonntag von 9 bis 18 Uhr, November bis März von Dienstag bis Sonntag von 9 bis 16 Uhr geöffnet. Montag geschlossen. Regelmäßige Führungen durch das Goethehaus finden jeden Dienstag, Donnerstag, Freitag und Samstag um 13 Uhr, von April bis Oktober Samstag um 13 und 15 Uhr statt. Kopfhörerführung auf Anfrage.

Schillers Wohnhaus, Schillerstraße 12, 99423 Weimar, Telefon 03643- 545–350 ist von April bis September von Dienstag bis Sonntag 9 bis 18 Uhr und Samstag von 9 bis 19 Uhr, im Oktober von Dienstag bis Sonntag von 9 bis 18 Uhr, von November bis März von Dienstag bis Sonntag von 9 bis 16 Uhr geöffnet. Montag geschlossen. Öffentliche Führungen finden Mittwoch, Freitag und Samstag um 13 Uhr, von April bis Oktober am Samstag um 13 und 15 Uhr statt. Kopfhörerführung auf Anfrage.

Anmeldungen zu Führungen und aktuelle Informationen zum *Wielandgut Oßmannstedt* mit Wielandmuseum, Park und Grabstätte der Familie Wieland in 99510 Oßmannstedt, Tel. 036462–920–918, -920. Die Öffnungszeiten sind von April bis Oktober von Dienstag bis Sonntag von 10 bis 18 Uhr, von November bis März von Samstag bis Sonntag von 10 bis 16 Uhr.

Das *Wittumspalais*, Theaterplatz, 99423 Weimar, Tel. 03643–545–377,-378, ist von April bis Oktober Dienstag bis Sonntag 10 bis 18 Uhr, von November bis März Dienstag bis Sonntag 10 bis 16 Uhr geöffnet. Montag geschlossen. Eine öffentliche Führung findet jeweils am Sonntag um 11 Uhr statt.

Die *Fürstengruft* mit russisch-orthodoxer Kapelle, Am Posseckschen Garten, Historischer Friedhof, 99423 Weimar, Tel. 03643–545–380, ist von April bis Oktober von Montag bis Sonntag von 10 bis 18 Uhr, von November bis März von Montag bis Sonntag von 10 bis 16 Uhr geöffnet.

Das historische Bibliotheksgebäude der *Herzogin Anna Amalia Bibliothek*, Platz der Demokratie 1, 99423 Weimar, ist für Einzelbesucher geöffnet von Dienstag bis Sonntag 10 bis 15 Uhr, für Gruppenbesuche Dienstag bis Sonntag um 15 und 15.30 Uhr. Montag geschlossen. Eintrittskarten für den Rokokosaal sind im Vorverkauf meist langfristig ausgebucht. Rund 50 Karten am Tag stehen für Einzelbesucher im Tagesverkauf zur Verfügung. Diese Karten sind ausschließlich an der Kasse im Historischen Bibliotheksgebäude erhältlich. Die Kasse ist Dienstag bis Sonntag ab 9.30 Uhr sowie Pfingstmontag geöffnet. Für Gruppenführungen ist eine sehr langfristige Anmeldung empfohlen. Tickets für Einzelbesucher und Gruppen können über die *Besucherinformation,* Klassik Stiftung Weimar, bestellt werden.

Literaturauswahl

Johann Wolfgang von Goethe

Damm, Sigrid: Christiane und Goethe. Eine Recherche. Frankfurt am
  Main 1999.
Friedenthal, Richard: Goethe. Sein Leben und seine Zeit. München
  1999.
Höfer, Anja: Johann Wolfgang von Goethe. München 2001.
Maul, Gisela; Oppel, Margarete: Goethes Wohnhaus. München 2000.
Briefe von und an Goethe. Hamburger Ausgabe in 6 Bänden. München
  1988.
Johann Wolfgang von Goethe. Werke. Hamburger Ausgabe in 14 Bänden.
  München 1999.

Friedrich Schiller

Alt, Peter A.: Schiller. Leben – Werk – Zeit. Eine Biographie. Zwei Bände.
  München 2000.
Damm Sigrid: Das Leben des Friedrich Schiller. Eine Wanderung. Frank-
  furt am Main 2004.
Safranski, Rüdiger: Schiller oder Die Erfindung des Deutschen Idealis-
  mus. Biographie. München 2004.
Wilpert, Gero von: Schiller-Chronik. Sein Leben und Schaffen. Ditzingen
  2000.
Schillers Wohnhaus. München 1999.

Jean Paul

de Bruyn, Günter: Das Leben des Jean Paul Friedrich Richter. Eine Bio-
  graphie. Frankfurt am Main 1997.
Naumann, Ursula: Charlotte von Kalb. Eine Lebensgeschichte 1761–1843.
  Stuttgart 1985.
Ortheil, Hanns: Jean Paul. Reinbek 2000.
Vollmann, Rolf: Das Tolle neben dem Schönen. Jean Paul. München
  2000.
Jean Paul. Werke in drei Bänden. München 1986.

Christoph Martin Wieland

Brender, Irmela: Christoph Martin Wieland. Reinbek 2003.
Perrey, Hans-Jürgen: Die große Wut des Christoph Martin Wieland.
  Merzig 2008.
Schaefer, Klaus: Christoph Martin Wieland. Stuttgart 1996.
Zaremba, Michael: Christoph Martin Wieland. Aufklärer und Poet. Eine
  Biografie. Köln 2007.

Johann Peter Eckermann

Dietzel, Bernd (Hrsg.): Johann Peter Eckermann. Szenen eines Lebens. Weimar 2008.

Gröll, Walter: Johann Peter Eckermann. Verzeichnis des Schriftwechsels. Winsen (Luhe) 2004.

Johann Peter Eckermann: Gespräche mit Goethe in den letzten Jahren seines Lebens. Ditzingen 1994.

Johann Peter Eckermann: Leben im Spannungsfeld Goethes. Köln 1995.

Herzogin Anna Amalia

Berger, Leonie; Berger, Joachim: Anna Amalia von Weimar. Eine Biografie. München 2006.

Ghibellino, Ettore: Goethe und Anna Amalia – Eine verbotene Liebe? Weimar 2007.

Salentin, Ursula: Anna Amalia. Wegbereiterin der Weimarer Klassik. Köln 2000.

Seemann, Annette: Anna Amalia. Herzogin von Weimar. Frankfurt am Main 2006.

Corona Schröter

Braun, Peter: Corona Schröter. Goethes heimliche Liebe. Biographie. Düsseldorf 2004.

Rolle des Lebens. Corona Schröter zum 250. Geburtstag. Ausstellungskatalog Stiftung Weimarer Klassik 2001.

Charlotte von Stein

Klauß, Jochen: Charlotte von Stein. Die Frau in Goethes Nähe. Düsseldorf 1999.

Maurer, Doris: Charlotte von Stein. Eine Biographie. Frankfurt am Main 1997.

Seele, Astrid: Frauen um Goethe. Monographie. Reinbek 2000.

Zu den doppelseitigen Abbildungen:

S. 6/7 Schillers Schreibtisch mit Utensilien in seinem Weimarer Wohnhaus

S. 86/87 Ansicht von Weimar um 1800, kolorierter Stahlstich

S. 158/159 Goethehaus am Frauenplan, Radierung von Ludwig Schütze mit handschriftlicher Widmung Goethes

Warum stehen sie davor?
Ist nicht Thüre da und Thor

Kämen sie getrost herein
Würden wohl empfangen seyn.
Goethe 1828